W0229308

hänssler

UTE HORN

Leise wie ein
Schmetterling

Abschied vom fehlgeborenen Kind

Dr. Ute Horn, Jahrgang 1954, sieben Kinder, lebt mit ihrer Familie in Krefeld, ist Ärztin für Haut und Geschlechtskrankheiten, Seelsorgerin, Buchautorin und eine vielgefragte Referentin zum Thema.

4. Auflage 2008
Hänssler-Hardcover
Bestell-Nr. 394.378
ISBN 978-3-7751-4378-3

© Copyright 2008 by Hänssler Verlag
im SCM-Verlag GmbH & Co. KG, D-71087 Holzgerlingen
Internet: www.haenssler.de
E-Mail: info@haenssler.de
Umschlaggestaltung: oha werbeagentur gmbh, Grabs, Schweiz;
www.oha-werbeagentur.ch
Titelbild (Schmetterling): iPhotopro
Satz: Vaihinger Satz & Druck, Vaihingen/Enz
Druck und Bindung: CPI – Ebner & Spiegel, Ulm
Printed in Germany

Die Bibelstellen des Alten Testaments sind in der Regel zitiert nach Lutherbibel, revidierter Text 1984, durchgesehene Ausgabe in neuer Rechtschreibung, © 1999 Deutsche Bibelgesellschaft, Stuttgart; die Bibelstellen des Neuen Testaments nach Neues Leben. Die Bibel, © Copyright der deutschen Ausgabe 2002 und 2005 by Hänssler Verlag, D-71087 Holzgerlingen.

Dieses Buch widme ich unseren Kindern
Christine, Andreas, Daniel, Josua, Marcel, Pascal, Benjamin
und den 5 namenlosen Kindern, die uns allzu früh
verlassen mussten.

INHALT

DANKE

Als Erstes möchte ich meinem **Ehemann Thomas** und **unseren 7 Kindern** danken, die mit mir über den Tod unserer 5 fehlgeborenen Kinder geweint und mich durch die Täler der Trauer begleitet haben und die sich mit mir darauf freuen, die Kinder im Himmel einmal wiederzusehen.

Meine Eltern lehrten mich, dass die Freude am Leben und die Trauer über den Tod zusammengehören. Sie lebten mir vor, die Hoffnung nie aufzugeben und daran zu glauben, dass es eine Zeit nach der Trauer geben wird. Ich danke ihnen für ihr Vorbild in den vielen Krankheiten ihres Lebens und dass ich sie den Weg des Sterbens begleiten durfte.

Besonders danken möchte ich **allen Familien**, die mit mir über ihre Gefühle vor, während und nach einer Fehlgeburt gesprochen haben und ohne die dieses Buch nicht möglich wäre. Danke für alle Offenheit.

Mein besonderer Dank gilt **Ute Mayer**, die das Buch liebevoll und kompetent lektoriert hat.

Herr **Dr. med. Gunther Rogmans** und seine **Frau Heide Rogmans** haben das Kapitel »Warum kam es zur Fehlgeburt?« sehr gewissenhaft nach den neuesten Kenntnissen der Gynäkologie überarbeitet. Herzlichen Dank dafür.

Norbert Selent und **Stefan Kürle** bat ich, das Kapitel »Was sagt die Bibel zum Thema Fehlgeburten?« aus theologischer Sicht zu kommentieren. Danke für die guten Gedanken.

Frau **Elisabeth Grube** danke ich für die guten Anregungen, die sie auf Grund ihrer Fachkompetenz und langjährigen Erfahrung im seelsorgerlichen Bereich gab.

VORWORT

»Man weiß nie, ob es vielleicht schief geht«, dachte sich meine jüngere Schwester und so sagte sie uns immer erst nach dem 3. Schwangerschaftsmonat, dass sie in Umständen sei. Ich dagegen konnte meine Freude über ein Baby nicht für mich behalten und erzählte bereitwillig überall, dass ich schwanger sei, sobald ich es selbst wusste. Ich rechnete nie mit einer Fehlgeburt. Warum sollte mir so etwas passieren? Optimistisch malte ich mir schon direkt nach dem Ausbleiben der Periode aus, wie wir wohl die Geburtsanzeige gestalten würden und machte mir schon Gedanken über mögliche Namen unseres Kindes. So erlebte ich zunächst zwei normale Schwangerschaften und Geburten. Nach der Geburt eines Mädchens und eines Sohnes war ich wieder schwanger. Warum sollte es das dritte Mal anders sein? Die ersten Untersuchungen beim Arzt waren in Ordnung, doch dann setzten in der 10. Schwangerschaftswoche (SSW) Blutungen ein. Auch kein Grund zur Beunruhigung, dachte ich. Viele Frauen hatten Zwischenblutungen und haben trotzdem normal entbunden, wie ich als Ärztin wusste, und so machte ich mir keine Sorgen. Auch als die Blutungen stärker wurden und ich ins Krankenhaus eingeliefert wurde, ahnte ich nicht, was passieren würde, da der Herzschlag auf dem Ultraschallbild gut zu sehen war und die Hormonwerte stabil blieben. Doch dann setzten plötzlich Wehen ein und die Blutung wurde stärker. Das Herz hatte aufgehört zu schlagen, mein Kind war tot. Ich hatte ein Kind geboren, aber es war nicht bei mir. Wie treffend ist dieser Begriff *Fehlgeburt*. Man macht eine Geburt durch und hinterher fehlt etwas.

Wie wenig unsere Gesellschaft, in der alles so machbar erscheint, fähig ist, mit dem Tod umzugehen, musste ich am eigenen Leib in den folgenden Wochen miterleben. Viele Menschen zogen sich von mir zurück. Kaum einer schien an meinem Schicksal Anteil zu nehmen. Spätestens als mir gesagt wurde, dass jede 2. oder 3. Schwangerschaft in einer Fehlgeburt endet, und es somit als etwas Normales eingestuft wurde, schien ich keinen Grund mehr für meine Trauer zu haben. Ich fühlte mich allein gelassen in meinem Schmerz, den ich scheinbar nicht haben durfte, und verletzt durch Aussagen von nahen Menschen, die dachten, es gut mit mir zu meinen. Aus diesem Gefühl der Ohnmacht und Hilflosigkeit entstand direkt nach dem Erlebten der Wunsch, ein kleines Buch zu schreiben, um anderen Frauen und deren Angehören Trost und Hilfe im gegenseitigem Umgang miteinander zu geben. Mittlerweile habe ich noch vier Fehlgeburten durchleben müssen, aber auch drei weiteren Söhnen das Leben geschenkt. Ich sammelte Erfahrungsberichte von anderen Frauen, führte viele Gespräche mit Betroffenen, heftete Zeitungsartikel und gute Gedanken zum Thema ab, gestaltete eine Fernsehsendung zu dem Thema mit und freue mich, dass meine Gedanken nun – 17 Jahre nach meiner ersten Fehlgeburt – in Buchform vorliegen. Mögen die Gedanken Ihnen und Ihren Angehörigen Wegweisung während der Trauer und aus der Trauer heraus sein.

Ute Horn

Die in diesem Buch zur Illustration meiner Ausführungen beschriebenen Erlebnisse sind wirklich passiert. Ich habe jedoch zum Schutz der einzelnen Personen die Namen und Orte geändert.

FEHLGEBURT –
in unserer Gesellschaft ein Tabuthema?

Viele Frauen, die Fehlgeburten erleiden, behalten das Erlebte für sich. Deshalb ist die Frage berechtigt, ob Fehlgeburten ein Tabuthema sind. Was bewegt Paare dazu, nicht über fehlgeborene Kinder zu sprechen?

Vielleicht ist es kein klassisches Tabuthema wie bestimmte Krankheiten, die man aus Scham, Angst vor Isolation oder Angst vor Ablehnung verschweigt, wie z B. Aids. Wenn man Aids hat, versucht man, es möglichst lange geheim zu halten. Immer wieder erleben wir als Ärzte, dass Patienten ihren Freunden und Verwandten leichter sagen können, dass sie Krebs haben als Aids. Es gibt auch Tabuthemen aus Übereinkunft. Es schickt sich nicht, jemand danach zu fragen, wie viel er verdient. Das Thema Fehlgeburten würde ich aus Gesellschaftssicht eher als Tabuthema aus Interesse- und Sprachlosigkeit einordnen, wobei oft das eine das andere bedingt. Wenn ich sprachlos bin, habe ich auch kein Interesse und wenn mir das Interesse fehlt, mich damit auseinander zu setzen, werde ich auch keine Worte dafür finden.

Das Erleben einer Fehlgeburt ist jahrelang auch von vielen Ärzten nicht richtig eingeschätzt worden. Man konnte nicht nachvollziehen, dass man um etwas trauert, was noch gar nicht auf der Welt war. Manche gehen sogar noch weiter und meinen, dass man nicht um etwas trauern könne, das noch gar kein Mensch sei. Viele meinen auch, dass sich die Frauen anstellen würden, da sie ja gerade erst von der Schwangerschaft erfahren hätten. Wenn das Kind so früh gestorben ist, hätte man ja noch keine Beziehung zu dem Kind aufgebaut. Besonders für Ehemänner/Partner ist das oft ein Problem, da sie ja noch weniger von der Schwangerschaft mitbekommen haben. Sie erleben die Schwangerschaft erst, wenn die Frau an Umfang zunimmt.

Aber so langsam erleben wir ein Umdenken.

Es gibt in letzter Zeit immer wieder mal einen Artikel in einer Illustrierten. Auf Friedhöfen werden Gedenkstätten eingerichtet für fehlgeborene Kinder und vereinzelt werden Gottesdienste zu diesem Thema angeboten.

Es wurden Selbsthilfegruppen ins Leben gerufen. Dadurch, dass mehr Frauen bereit sind, sich über ihre Erfahrungen auszutauschen, öffnen sich auch andere Frauen. Man ist oft ganz überrascht, wer alles schon betroffen war.

In dem vorliegenden Buch möchte ich zunächst auf mögliche Ursachen von Fehlgeburten aus medizinischer Sicht eingehen.

Danach beschäftige ich mich damit, wie Frauen Fehlgeburten erlebt haben und welche Hilfen der Trauerverarbeitung es gibt.

Wie unterschiedlich Männer auf den Tod eines Kindes im Mutterleib reagieren, wird in einem eigenen Kapitel beschrieben, bevor wir der Frage nachgehen, wie man seine Frau durch diese Krise der Fehlgeburt liebend und stützend begleiten kann.

Danach soll es darum gehen, wie schwierig oft die besondere Beziehung zu Eltern und Schwiegereltern rund um eine Fehlgeburt sein kann. Viele Verletzungen zwischen den Generationen geschehen wegen der unterschiedlichen Einstellung zum Nachwuchs. Deshalb würde ich mir sehr wünschen, dass die Großelterngeneration dieses Kapitel liest.

Manche Freunde würden zwar gerne helfen, fühlen sich aber unfähig und aus Angst etwas falsch zu machen, machen sie gar nichts. Welche kleinen und großen Hilfestellungen gut tun, darum soll es in Kapitel 9 gehen.

Viele Frauen fühlen sich von Ärzten und Schwestern verletzt, weil sie die nackten Fakten und allgemein gültigen Trostsätze in ihrer Trauer nicht abholen. So möchte ich den Menschen, die oft die Ersten sind, die von der drohenden Fehlgeburt wissen, aus der Sicht der Betroffenen Einblicke in die Gefühlswelt von Frauen geben, die durch Fehlgeburten gehen mussten.

Viele Erfahrungen, die wir im Leid machen, sind, mit Abstand betrachtet, sehr wertvolle Erlebnisse. Sie prägen uns, öffnen unsere Augen für ungeahnte Tiefen und das Leid anderer. Wie diese Erfahrungen in unseren Alltag integriert werden und kostbare Früchte bringen können, wird in Kapitel 13 berichtet.

Wie kann Gott so viel Leid zulassen? Warum sterben unschuldige Kinder? Gibt es Bibelstellen zum Thema Fehlgeburten? Gibt es Trost bei Gott und gibt es Hilfen im Umgang mit empfundener Schuld? Damit wollen wir uns im letzten Kapitel beschäftigen.

Um den Lesefluss nicht zu unterbrechen, habe ich auf die Bezeichnung der jeweils beiden Geschlechter in der Regel verzichtet. Die »männliche« Geschlechtsbezeichnung steht in diesem Fall als neutrale Bezeichnung für beide Geschlechter! Dafür bitte ich Sie um Verständnis.

WARUM KAM ES ZUR FEHLGEBURT?

FEHLGEBURT

Als Fehlgeburt (Abort) bezeichnet man tot geborene Babys unter 500 g innerhalb der ersten 25 Schwangerschaftswochen (SSW). Es wird dann noch einmal unterschieden in frühe Fehlgeburt (bis zur 12. SSW) und späte Fehlgeburt (bis zur 25. SSW).

Fehlgeborene Kinder können in den meisten Bundesländern auf Wunsch der Eltern bestattet werden, auch wenn es keine entsprechenden Gesetze, sondern nur Empfehlungen der zuständigen Gremien gibt.

TOTGEBURT

Unter einer Totgeburt versteht man die Geburt eines im Mutterleib oder während der Geburt verstorbenen Kindes über 500 Gramm. Das Baby wird standesamtlich registriert, unterliegt jedoch bis zu einem Gewicht von 1000 Gramm nicht in allen Bundesländern der Bestattungspflicht. Es ist jedoch auf Wunsch in ganz Deutschland möglich, die tot geborenen Kinder unter 1000 Gramm zu bestatten. Mittlerweile wird auf Wunsch eines Erziehungsberechtigten der Vor- und Familienname eines tot geborenen Kindes im Geburtenbuch eingetragen.

Mediziner nehmen an, dass bis zu 70% aller befruchteten Eizellen mit einer Fehlgeburt enden. 90% der Frauen werden danach wieder schwanger.

MÖGLICHE URSACHEN FÜR FEHLGEBURTEN

Die Ursachen für Fehlgeburten sind vielfältig.
Man diskutiert:
- Chromosomenanomalien,
- Medikamente,
- Röntgenstrahlen,
- Nikotin und Alkohol,
- Ernährung,
- Hormonunregelmäßigkeiten,
- Blutgruppenunverträglichkeit.

In den meisten Fällen wird man keine Ursache finden. Und doch ist es gut, besonders wenn man nicht nur eine Fehlgeburt erleiden musste, zusammen mit dem Frauenarzt zu besprechen, welche Untersuchungen sinnvoll sind. Wichtig ist, möglichst genau auf die Fragen der Mediziner zu antworten und auch die Familienge-schichte mit einzubeziehen. Hatten andere Familienmitglieder auch Fehlgeburten? Wurden mögliche Ursachen gefunden?

ZU EMPFEHLENDE UNTERSUCHUNGEN

Folgende Untersuchungen können Aufschlüsse auf mögliche Ur-sachen geben und werden besonders empfohlen, wenn schon mehrere Fehlgeburten erfolgt sind:

➤ **Blutuntersuchung bei der Frau**
- Auf Infektionskrankheiten: Toxoplasmose, Chlamydia-tracho-matis-Infektion.
- Auf Diabetes mellitus, die so genannte Zuckerkrankheit.
- Auf Autoantikörper, die dazu führen, dass das Immunsystem die mütterlichen Anteile im Kind abstößt, z.B. Abklärung des Anti-Phospholipid-Syndroms (APS), des Lupus erythemato-des (LAC) und des Antikardiolipin-Antikörpers (ACA).
- Blutgruppen- und Rhesus-Faktor-Konstellation zwischen Mutter und Vater (besonders wichtig, wenn die Mutter Rhesus negativ ist), um auszuschließen, dass die Mutter die

väterlichen Anteile des Kindes abstößt, so genannte
allo(fremd)immune Ursache.
- Gerinnungsfaktoren
- Hormonwerte: Prolaktin (LTH) und Schilddrüsenhormone
  sowie Gelbkörperhormone (Progesteron), Luteinisierendes
  Hormon (LH) und Follikelstimulierendes Hormon (FSH).

➤ **Blutuntersuchung bei der Frau und beim Mann**
- Chromosomenanalyse wegen möglicher Schäden des
  Erbgutes.

➤ **Untersuchung beim Mann**
- Spermiogramm, besonders auf Keime, z. B. Ureaplasma
  urealyticum.

➤ **Untersuchung des embryonalen Gewebes**
- Auf genetische Ursachen.

➤ **Untersuchung der Gebärmutter**
- Verwachsungen,
- Verformung,
- Tumore wie Myome oder Polypen.

Wenn man eine Fehlgeburt erlebt hat, ist oft die Unbeküm-
mertheit, mit der man an eine Schwangerschaft geht, vorbei. Die
Angst vor einer erneuten Fehlgeburt sitzt im Nacken – besonders
wenn es schon die 2. oder 3. Fehlgeburt war. Wichtig ist es
dann, einen Arzt zu finden, der sehr einfühlsam auf die Ängste
reagiert und lieber einmal zu viel untersucht als zu wenig. Oft
hat man bei der Fehlgeburt nicht mitbekommen, dass das Kind
gestorben ist. So muss man erst wieder neues Vertrauen in die Ei-
genwahrnehmung des Körpers erlangen. Man ist verunsichert
und auch enttäuscht von sich selbst. »Wie konnte es passieren,
dass ich nicht mitbekam, dass mein Kind in Gefahr war?«, fragt
sich so manche Mutter eines fehlgeborenen Kindes. Deshalb ist
es beruhigend, den Mediziner anrufen zu können, wenn sich

Ängste einstellen oder auch einen Zwischentermin beim Arzt einschieben zu dürfen.

Oft hört man auch folgende Ursachen für Fehlgeburten:
- Springen von der Treppe,
- Fahren auf einem Motorrad,
- Baden in zu kaltem Wasser,
- Geschlechtsverkehr,
- Sturz,
- Ablehnung der Schwangerschaft.

Daran ist oft eine Schuldfrage geknüpft. Bin ich schuld am Tod meines Kindes?

Ich glaube, dass alle oben aufgeführten Punkte allein nicht ausreichend sind, um zum Tod eines Kindes zu führen. Es kann höchstens die Ausstoßung des Kindes beschleunigt werden, wenn es schon im Sterben war. Aber wie oft überleben Kinder im Mutterleib oben genannte Einflüsse und kommen gesund auf die Welt!

Etwas anders liegt die Sache bei Nikotin-, Alkohol-, Drogengenuss und Medikamenteneinnahme. Wissenschaftler haben festgestellt, dass Raucherinnen ein deutlich höheres Risiko für Fehlgeburten haben. Alkohol, Drogen und Medikamente können ebenfalls zu Fehlgeburten führen. Deshalb ist zu raten, sobald man von einer Schwangerschaft erfährt, das Rauchen aufzugeben, sowie jeden Konsum von Alkohol und Drogen einzustellen und – falls ärztlich vertretbar – auf die Einnahme von Medikamenten zu verzichten.

2. DIE BETROFFENE FRAU

EINSAMKEIT

Nach der Geburt von einem gesunden Kind war ich erneut schwanger. Freudig erzählten wir allen, dass ich zum zweiten Mal schwanger geworden sei. Wir freuten uns auf ein weiteres Kind. Die erste Untersuchung und der erste Ultraschall zeigten, dass die Schwangerschaft intakt sei. Das Herz schlug schon tüchtig. Doch in der 12. Schwangerschaftswoche hatte ich plötzlich leichte Schmierblutungen. Ich ging zum Arzt. Er untersuchte mich. Es sei alles in Ordnung. Solche Blutungen kämen häufig vor, beruhigte er mich. Vorsichtshalber wies er mich ins Krankenhaus ein. Ich hörte von einer Frau, die zusammen mit mir schwanger war. Sie hatte auch leichte Blutungen und konnte nach 3 Tagen wieder nach Hause gehen. Das machte uns Mut. Wir glaubten fest, dass unser Kind lebend auf die Welt kommen würde. Jeden Tag war ich beim Ultraschall (Montag, Dienstag, Mittwoch) und wir sahen das Herz schlagen. Auch die Hormonwerte im Blut waren stabil. Am Gründonnerstag setzten plötzlich ziehende Schmerzen wie Wehen ein, die Blutung nahm zu, ich wurde wieder per Ultraschall untersucht. Verzweifelt suchten wir den Herzschlag des Kindes, doch umsonst. Fassungslos starrte ich auf das Gerät und konnte nicht glauben, was ich sah und hörte. Ich wurde im Rollstuhl wieder in mein Zimmer gefahren. Auf dem Flur zu meinem Zimmer sah ich plötzlich eine ehemalige Arbeitskollegin. Da konnte ich die Tränen nicht mehr zurückhalten.

Ich weinte und sagte: »Unser Kind ist tot.« Sie ging mit mir ins Zimmer und ich war froh, nicht allein zu sein. Mein Mann konnte telefonisch nicht erreicht werden. Als sie ging, wurde ich auf die Ausschabung vorbereitet. Tropf anlegen, unterschreiben, dass man einverstanden ist, weißes Flügelhemd anziehen und schon lag ich im Operationssaal. Als ich aus der Narkose aufwachte, schaute ich in die Augen meiner Freundin, die $1^1/_2$ Stunden mit Bus und Bahn aus einer benachbarten Stadt gekommen war. Sie war wie ein Engel für mich, besonders, weil mein Mann nicht da sein konnte. Sie nahm mich in den Arm und setzte sich an mein Bett und weinte mit mir. Sie blieb, bis mein Mann kam, den wir endlich erreichten. Er konnte es auch nicht begreifen. Es fiel ihm schwer, einfach nur bei mir zu sitzen. Er wollte weg, etwas tun, etwas Sinnvolles tun. So bot er sich an, die notwendigen Telefonate zu führen. Wieder war ich allein, allein mit mir, meiner Trauer. Ich blieb noch drei Tage im Krankenhaus, aber das Telefon blieb merkwürdig stumm. Ich war schon oft im Krankenhaus gewesen. Da war es immer anders. Die Freunde und Bekannten riefen an, fragten, wie es mir ginge, kamen mich besuchen. Ich hatte immer Blumensträuße auf dem Nachttisch. Doch wie anders war es diesmal. Bis auf meinen Mann, meine Eltern und meine Schwester meldete sich keiner. Ich fragte meinen Mann, ob er denn keinen erreicht hätte. Doch, alle wären betroffen gewesen und hätten Grüße an mich ausgerichtet. Auch wieder zu Hause kam mir unser sonst so fröhliches und gastfreies Haus wie ausgestorben vor. Was war nur geschehen? Warum mieden sie mich? Später erfuhr ich auf Nachfragen, dass den einen die Worte fehlten, die anderen Angst hatten, etwas Falsches zu sagen und wieder andere meinten, ich würde doch erst mal bestimmt Zeit allein für mich benötigen. Oh, wie wenig kannten sie mich. Ich brauche Menschen, denen ich mein Leid klagen kann. Ich verarbeite im Reden. Mein Mann war in den Wochen nach der

Fehlgeburt sehr beschäftigt. Er fühlte sich unfähig, mich zu trösten und deshalb nutzte er jede Gelegenheit, nur nicht mit mir zusammen zu sein. Ich wollte so gerne mit ihm sprechen, immer wieder noch mal die Tage vor der Fehlgeburt durchgehen. Ich hatte so viele Fragen im Kopf. Aber mein Mann sagte immer: »Wozu sich den Kopf damit belasten. Es ist vorbei. Wir müssen nach vorne schauen. Nach 3 Monaten können wir einen neuen Versuch starten.« Wie er von dem Kind spricht. Er scheint gar nicht traurig zu sein. Ich glaube, dass er sich noch gar nicht richtig damit auseinander gesetzt hatte, wieder Vater zu werden und für mich war das schon so real. Ich bin traurig, dass wir noch nicht einmal wissen, ob es ein Junge oder Mädchen geworden wäre. Manchmal frage ich mich: »War ich überhaupt schwanger? Habe ich mir das alles nur eingebildet?« Wie gut, dass ich wenigstens das erste Ultraschallbild habe, eine Erinnerung an unser Kind.

Frauen, die eine Fehlgeburt durchleben, berichten oft von dieser verletzenden Hilflosigkeit ihrer Umgebung. Warum melden sich meine Freunde nicht, wenn ich sie am nötigsten brauche? Wie kann mein Mann jetzt zum Fußballtraining gehen, wenn wir gerade unser Kind verloren haben?

Um sich selbst zu schützen und die anderen besser zu verstehen, ist es wichtig zu wissen, dass es im Trauerprozess verschiedene Bedürfnisse gibt. Die einen verarbeiten im Gespräch. Die anderen wollen lieber allein gelassen werden. Oft schließt man von sich auf andere. Wenn Sie das Bedürfnis haben, von einer bestimmten Freundin besucht zu werden, die sich aber nicht meldet, bitte ich Sie, den ersten Schritt zu tun. Rufen Sie an oder wenn Sie zu schwach sind, lassen Sie Ihren Mann anrufen und der betreffenden Person sagen, dass Sie sich einen Besuch wünschen.

Maria erzählte mir: »Als ich meine zweite Fehlgeburt hatte, waren meine Eltern, die immer für mich da sind und auch immer sofort kamen, wenn ich krank war, leider verreist. Mein Mann rief sie an ihrem Urlaubsort an, wir telefonierten, aber ich war psychisch und körperlich so stabil, dass ich auch nicht wollte, dass sie ihren Urlaub abbrechen sollten. Meine Schwiegereltern boten sich an, unsere beiden Kinder für eine Woche zu sich zu holen. So kam mein Schwiegervater die 350 km mit dem Auto. Mittags traf er sich mit meinem Mann in einem Restaurant nur wenige Meter vom Krankenhaus entfernt. Anschließend wollte er die Kinder abholen. Ich rechnete mir aus, dass sie so gegen 14.00 Uhr mit dem Essen fertig seien und wartete auf den Besuch meines Schwiegervaters. Als es schließlich 16.00 Uhr wurde, wurde ich unruhig. War etwas passiert? Ich rief meinen Mann an. Auf meine Frage, ob Vater nicht gekommen sei, antwortete Achim ganz verwundert: ›Doch. Es ist alles gut gelaufen. Sie rufen dann an, wenn sie ankommen.‹ Wie versteinert legte ich den Hörer auf. Konnte es wirklich wahr sein, dass mein Schwiegervater, zu dem ich so eine gute Beziehung hatte, mich nicht besucht hat? Ich weinte bitterlich. Ich wollte ihm vergeben. Aber ich konnte nicht. Auch abends, als er anrief, blieben mir die Worte im Hals stecken. Als mein Mann kam, fragte ich ihn, warum sein Vater mich nicht besucht hätte. Das wüsste er nicht. Sie hätten darüber nicht gesprochen. Wahrscheinlich wollte er die vielen Kilometer schnell hinter sich bringen. Ich wollte ihm schreiben, meine Verletzung musste ich loswerden. Aber ich konnte nicht. Vier Jahre danach fragte ich ihn. Ich hatte immer noch keinen Frieden darüber gefunden. Ich bat ihn um einen Spaziergang allein und dann konfrontierte ich ihn mit dem Satz: ›Warum hast du mich nach meiner Fehlgeburt nicht besucht?‹ Er sagte: ›Ich wäre nie auf die Idee gekommen, dich zu besuchen, denn eine Fehlgeburt ist für mich keine Krankheit.‹ Etwas nachdenklich ergänz-

te er: ›Aber darüber möchte ich nachdenken, warum ich
das so sehe.‹ Ich fing an zu weinen und er spürte, dass da
immer noch eine Wunde war und sagte: ›Das tut mir wirklich Leid, dass ich dich nicht besucht habe. Aber warum
hat Achim mir denn keinen Tipp gegeben? Ich hätte wirklich Zeit gehabt, denn die Hinfahrt ging super. Kannst du
mir vergeben?‹ Wir hatten ein richtig gutes Gespräch und
als wir wieder im Haus waren, meinte er: ›Lass mich dich
mal drücken, auf der Straße wollte ich das nicht.‹«

SCHULDGEFÜHLE

Manche Frauen quälen sich mit Schuldgefühlen. Der Mensch
sucht nach dem Warum. Er will wissen, ob er selbst schuld ist.
Das wäre furchtbar, aber diese Urgewissheit, ob das Baden im
kalten Wasser oder der Geschlechtsverkehr in der Nacht vor der
Fehlgeburt nicht doch der Auslöser war, ist noch schlimmer zu ertragen. Viele Frauen kreisen immer wieder um dieselben Fragen.

*Mein Kind ist tot. Es hat gerade 13 Wochen in meinem
Bauch gelebt. Ich bin so unendlich allein mit meinen Gefühlen. Keiner ist den Weg der Schwangerschaft und den
Weg des Sterbens in mir mitgegangen. Ich habe noch
nicht einmal mitbekommen, dass mein Kind gestorben ist.
Was bin ich für eine Mutter, die nicht mitbekommt, dass
in meinem Inneren ein Todeskampf stattfindet? Ich fühle
mich auch schuldig, weil ich nicht von Anfang an ein vol-
les Ja zu dem Kind hatte. Es wäre mein drittes Kind gewesen. Eigentlich hatte ich die Familienplanung abgeschlossen und dann das unerwartete Ausbleiben meiner
Periode. Hektik, Panik, Angst vor Überforderung machten
sich in mir breit. Doch mein Mann reagierte mit Freude
auf die Ankündigung eines weiteren Kindes. Das half mir
schließlich nach drei Wochen auch ein ganzes Ja zu finden. »Bist du deshalb gegangen, weil ich dich nicht will-
kommen hieß in dieser Welt?« Solche Gedanken gingen*

mir durch den Kopf. Mit wem kann ich solche Gedanken teilen? Zu wem kann ich so offen sein? Ich wage ja selbst kaum solche Gedanken zuzulassen. Wie kann ich ausdrücken, verständlich machen, was in mir vorgeht? Andere können es so wenig nachvollziehen, was ich erlebt habe.

Auch Eva berichtet davon, wie sie noch Jahre danach sich Vorwürfe macht, ob sie der Ausschabung nicht zu schnell zugestimmt habe:

Eva berichtet: »Wir waren gerade im Supermarkt einkaufen, als ich einen Schwächeanfall spürte. Ich sagte nur noch: ›Ein Glas Wasser‹, und schon versagten die Beine unter mir und ich konnte mich gerade noch an meinem Mann stützend langsam zu Boden gleiten lassen. Alles war schwarz vor Augen. Als ich wieder aufwachte, spürte ich leichte stechende Schmerzen in meinem Bauch. Kurz danach ging etwas Flüssigkeit ab. Ich dachte, es sei Fruchtwasser, doch musste ich auf der Toilette feststellen, dass es Blut war. Der besorgte Abteilungsleiter hatte schon den Krankenwagen bestellt und so fuhren wir, begleitet von einem Notarzt, in die Klinik. Die Blutung und die Schmerzen wurden stärker. Der Arzt sagte, ohne mich groß zu untersuchen und ohne Ultraschall, dass sie das Kind nicht halten könnten und bereitete alles für eine Ausschabung vor. Vier Stunden später lag ich dann im weißen Krankenhausbett und versuchte langsam nachzuvollziehen, was eigentlich geschehen war. Ich war nicht mehr schwanger. Ich fühlte über meinen sonst etwas gewölbten Bauch und begriff ganz vorsichtig, dass es wahr sein müsste. Es war alles so schnell gegangen. Ich war so unvorbereitet. War es richtig, der Ausschabung zuzustimmen? Hätte man nicht noch warten können? Warum hatte ich nicht auf einen Ultraschall bestanden? Viele Fragen und keine Antworten. Nach dieser Fehlgeburt wurde ich wieder schwanger. Die Angst lief auf einmal mit, was ich vorher nicht kannte. Nie hatte ich daran gedacht, das Baby könnte nicht gesund auf die Welt kommen. Besonders als die 13. Schwangerschaftswoche kam, war ich sehr unruhig. In der 14. Schwangerschaftswoche bekam ich wieder Blutungen, ich musste liegen, mich schonen und durfte doch erleben, wie dieses Kind geboren wurde. Noch heute, sieben Jahre danach, mache ich mir immer wieder Vorwürfe, warum ich das andere Kind so schnell hergegeben habe.«

Ich mache Ihnen Mut, zum einen offen mit Ihrem Gynäkologen über diese Fragen zu sprechen und zum anderen mit anderen Frauen zu reden, die eine Fehlgeburt durchlebt haben.

Es gibt viele Frauen, die Fehlgeburten hatten. Wenn Sie im Bekanntenkreis über Ihre Fehlgeburt reden, werden Sie überrascht sein, wie viele Frauen es sind. Seitdem ich dieses Buch schreibe und davon erzähle, scheine ich nur noch Frauen zu treffen, die auch Kinder abgeben mussten. In der Schule, im Kindergarten, auf der Arbeit – überall sind sie und keiner bekommt es mit, weil man vorher auch nicht wusste, dass sie schwanger sind. Meistens halten Frauen die Information über eine Schwangerschaft bis zum 3./4. Monat für sich, oft auch aus dem Grund, weil sie Angst vor einer Fehlgeburt haben, aber nicht nur. Manche wollen dieses süße Geheimnis einfach so lange es geht für sich behalten und genießen.

VERLETZUNGEN

Gerade hatte ich erfahren, dass unser Baby tot sei, als die Krankenschwester sagte: »Sie müssen doch nicht weinen. Sie sind doch noch so jung und werden bestimmt noch viele Kinder bekommen.« Ich wusste auch nicht warum, aber dieser Satz hat mich wütend gemacht. Am liebsten hätte ich gesagt: »Halten Sie lieber Ihren Mund.«

Für jede Frau, in der ein Kind stirbt, stirbt *ihr* Kind, einzigartig, nicht austauschbar, es würde Esther, Yvonne, Matthias oder Andreas heißen. Der obige Kommentar ist zwar richtig, aber bei manchen Menschen wirkt er wie eine Ohrfeige, weil der Schmerz der Gegenwart so überwältigend stark ist, dass man nicht an die Zukunft denken kann. Ob es nicht mehr helfen würde, mit zu trauern, mit zu weinen – um das Kind, das gerade sterben musste? Die Gegenwart mit der betroffenen Frau aushalten und ihre Tränen ertragen kann manchmal mehr trösten, als auf ein späteres Kind vertröstet zu werden.

Aber der gleiche Satz, vielleicht auch von jemand anderem gesprochen, kann trösten, aufbauen, helfen.

Andrea ruft ihren Mann bei der Arbeit an. »Bitte komm schnell und hol mich bei meinem Frauenarzt ab. Es ist etwas Furchtbares passiert. Unser Kind ...«, doch dann kann sie nicht weitersprechen. Daniel kann sich frei nehmen, fährt zur Praxis und dann seine Frau in die Klinik. Als auch dort der Arzt feststellt, dass das Kind tot ist, nimmt er seine Frau in den Arm, hält sie ganz fest und sagt: »Wir sind noch so jung. Wir können noch Kinder bekommen. Das letzte Wort ist noch nicht gesprochen. Wir werden schon noch Eltern, liebevolle Eltern, stolze Eltern.« Andrea spürt die Fürsorge ihres Mannes in den Worten und sagt im Nachhinein: »Diese Worte haben mich sehr getröstet und mir Hoffnung gegeben.«

Kann man sich vor solchen Verletzungen schützen, werden Sie sich vielleicht fragen. Manchmal hilft es Frauen, wenn sie sich schon vorher über mögliche Reaktionen ihrer Mitmenschen auf die Nachricht von der Fehlgeburt Gedanken gemacht haben, um vorbereitet zu sein. Ein anderes Mal ist es ratsam, bestimmte Aussagen nicht so sehr an sich ranzulassen. Aber das ist nicht einfach. Oft treffen uns die Reaktionen unserer Mitmenschen unvorbereitet.

Ich bin seit meinem 12. Lebensjahr wegen einer Kinderlähmung der Beine an den Rollstuhl gefesselt. Deshalb habe ich gar nicht damit gerechnet, dass ich schwanger werden würde. Ich konnte diese sehr starke, nicht enden wollende und sehr schmerzhafte Blutung jedoch nicht richtig einordnen. Erst im Krankenhaus erfuhren mein Mann und ich von der Schwangerschaft, die aber leider in einer Fehlgeburt enden sollte. A.s mein Mann am Arbeitsplatz davon erzählte, warum er mich ins Krankenhaus bringen musste, sagte ein Arbeitskollege zu ihm: »Das ist bestimmt besser so. Solche Leute wie ihr sollten keine Kinder bekommen.« Das hat unendlich wehgetan. Zum Glück haben wir später noch zwei gesunde Kinder bekommen, die heute 10 und 8 Jahre alt sind.

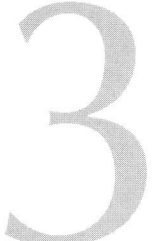

HILFEN BEI
DER VERARBEITUNG

Manche Frauen haben das Bedürfnis, das Erlebte in Worte zu fassen. Sie verarbeiten im Erzählen, im Schreiben. Sie haben das Bedürfnis, anderen mitzuteilen, was sie erlebt haben. Oft unbewusst wollen sie dem Erlebten eine Erinnerung schaffen. Ein Gedicht, eine Geschichte drücken auf eindrucksvolle Weise aus, was in betroffenen Menschen vorgeht. So können auch nahe stehende Menschen eher nachvollziehen, durch welche Wechselbäder der Gefühle die Frau gegangen ist.

Ein Blumenkranz, eine Collage, ein gemaltes Bild, eine Töpferei können manchmal besser ausdrücken, was man nicht in Worte fassen kann, was man vielleicht selbst nicht weiß. Vieles kommt aus dem Unterbewusstsein erst ans Tageslicht, wenn wir kreativ werden.

Auch für Ihre anderen Kinder können manche der unten aufgeführten Vorschläge hilfreich sein, sodass sie die Möglichkeit haben, über das verlorene, nie gekannte Geschwisterchen zu sprechen. Kinder spüren intuitiv, dass mit der Mama etwas nicht in Ordnung ist. Um diffusen Ängsten vorzubeugen, sollten Sie sich innerlich darauf einstellen, bei günstiger Gelegenheit mit Ihren auch noch recht jungen Kindern über die Fehlgeburt zu reden.

Dawn Waltman ist Gründerin des Dienstes *Eine Rose im Himmel* (A Rose in Heaven Ministries). Sie hat selbst 2 Fehlgeburten und eine Totgeburt durchlebt und schrieb das Buch »In a heartbeat« (Einen Herzschlag lang) Am Ende ihres Buches ermutigt sie die Mütter, selbst kreativ zu werden und dem tiefen Bedürfnis nach Erinnerungen Raum zu geben. In Anlehnung an ihre Liste gebe ich folgende Anregungen weiter.

SCHREIBEN SIE EINEN BRIEF AN IHR KIND

Teilen Sie ihm Ihre Traurigkeit, Ihre Schmerzen, Ihre Sorgen genauso offen mit wie Ihre Träume.

Eine Frau schrieb: »Liebe Monique, ich nenne dich Monique, weil ich mir immer eine kleine Monique gewünscht habe. Die Freude an dir und auf dich war viel zu kurz. Viel zu früh und zu schnell musste ich dich wieder loslassen. Es war schwer! Und es ist immer noch schwer, sehr schwer! Ich werde nie wissen, warum du gestorben bist, warum du nicht leben konntest oder durftest. Ich vermisse dich, meine kleine Monique.«

SCHREIBEN SIE ÜBER IHR KIND EIN GEDICHT

Anna hat nachfolgendes Gedicht geschrieben:

Für unser Kind, verloren am 2.12.2000

Du kleines unscheinbares Wesen,
bist noch gar nicht bei uns gewesen.

Niemand hat dich je gesehen,
du musstest viel zu früh schon gehen.

Doch unter meinem Herzen hast du existiert;
ich bin es auch, die dich wirklich verliert.
Obwohl ich dich noch nicht gekannt,
ist meine Liebe zu dir entbrannt!

Ich denke an dich!
Ich vermisse dich!

> Ob Gott dich wohl auch vermisst?
> Ich weiß, dass Gott dich nie vergisst!
> Weil dein Name für alle Zeit,
> weil dein Name in Ewigkeit,
> in seine Hand geschrieben ist!

In dem Gedicht kommt sehr tief zum Ausdruck, was viele Frauen empfinden. »Ich bin es auch, die dich wirklich verliert«, schreibt sie. Als Mutter empfindet man den Verlust oft am intensivsten, weil man die Signale des Körpers über die Schwangerschaft spürt und damit eine Dimension von Erleben hat, die dem Vater, den Großeltern und Freunden fehlt. Deshalb spürt man die Freude über das neue Lebewesen früher und tiefer und genauso auch den Verlust, das Abgebenmüssen. »Ich bin es, die dich wirklich verliert.« Bis der Partner, Verwandte und Freunde sich mit dem Gedanken anfreunden, dass Nachwuchs kommt, muss sich meistens der Bauch schon runden oder sich Heißhunger einstellen. Doch bis zum 4. oder 5. Monat merkt es oft nur die Frau, dass sie schwanger ist und dann verläuft die Fehlgeburt oft genauso wenig spektakulär wie die Schwangerschaft eingetreten ist. Man bekommt Blutungen. Wehen und dann soll man auf einmal nicht mehr schwanger sein. Diese Gefühlswechselbäder, dazu die Hormonveränderungen sind oft nicht einfach zu verarbeiten. Manchmal hat man zusätzlich noch mehrere Wochen mit Übelkeit und Erbrechen zu kämpfen gehabt, sodass man sowieso schon in einem labilen Zustand ist. Deshalb ist dieser Satz so aus der Tiefe der Gefühle geschrieben: »Ich bin es auch, die dich wirklich verliert.« Das Leid, das Paare erleben, ist oft sehr ungleich verteilt. Der eine trauert sehr stark, der andere überhaupt nicht. Es ist meistens die Frau, die mehr trauert, aber nicht immer.

SCHREIBEN SIE EIN LIED

Kezia Frühauf, verheiratet und Mutter von einem kleinen Sohn namens Jafet, schrieb folgendes Lied über ihre fehlgeborene Tochter:

Für Esther Hadassa
06.02.2003

Ich mache mir Gedanken um dich, du kleines Wesen
jetzt weit weg von hier –
und doch bist du da gewesen
nah bei mir – hier.

Du hast gelebt, dich bewegt
zwar nicht lang –
ein paar Wochen bloß
doch du warst da,
ganz real und dann ...

... ging die Blutung los.
Du hast mich erschreckt –
mich überrascht –
ich war nicht gefasst
auf das, was geschah –
und jetzt –
bist du weg.

Unser Schmerz ist groß –
du bist weg –
und ich will nicht allein sein
und doch –
in dieser Nacht –
bin ich allein –
wir sind allein –
allein – mit Gott!

Du und Dad, Jafet und ich,
wir vermissen dich!!!
Du kleines Wesen warst kein Ding!
Von wegen nicht so schlimm! –
Du warst da – ganz real –
ich vermisse dich!

Was sagt Gott dazu? –
»Sie war wunderschön gemacht
und nun – ist sie hier, –
nah bei mir, –
weine nicht!

Eine wunderschöne Blume, –
eine dunkelrote Rose
kaum die Büte,
noch die Knospe, –
hat sich zaghaft gestreckt,

sich gereckt –

ich habe sie dir
weggepflückt –
weggepflückt.

Doch sie ist hier –
da –
nah bei mir –
und es ist wahr –
du wirst sie treffen –
eines Tages –
glaube mir –
sie ist nah bei mir! –
Sie hat langes Haar – und tanzt wunderbar –,
sie war:

ZU SCHÖN FÜR DIESE WELT!
Alles, was zählt –
jetzt und hier –,
ist weit weg von ihr.
Sie wohnt bei mir,
in ewigem Licht
unbegreiflich,
nicht erfassbar
und noch siehst du es nicht.

Doch sie sieht mich, Jesus,
von Angesicht zu Angesicht –
glaube mir –
sie ist hier bei mir,
es geht ihr gut!

Und ich –
ich mach dir Mut!
Lauf nicht weg!
Versteck weder Schmerz noch Kummer –
lass es raus,
doch:

Weine nicht.

Schau mir ins Gesicht,
wage neu zu leben,
zu geben,
Leben zu geben!
Ich bin – bei dir,
sie ist bei mir,
hab keine Angst!

ICH LIEBE DICH –
schau mir ins Gesicht –
ich liebe dich – ...

In diesem Lied klingt sehr viel Hoffnung an, Hoffnung, dass dieses kleine Wesen an einem guten Ort ist, dass es ihm gut geht. Und die Mutter wird aufgefordert, zu trauern, ehrlich mit dem Schmerz, dem Kummer umzugehen. Gleichzeitig wird eine Hand aus dem Himmel gereicht, die sagt: »Es gibt eine Zeit nach der Fehlgeburt. Eine Zeit, neu das Leben zu wagen, eine Zeit, in der auch du, liebe Mutter, wieder lachen wirst.«

MACHEN SIE SICH EINE ERINNERUNGSBOX

Dekorieren Sie einen Schuhkarton und legen Sie Karten und Briefe hinein, die sie anlässlich der Fehlgeburt bekommen haben, oder vielleicht auch das Ultraschallbild, auf dem das Herz noch geschlagen hat. Sollten Sie schon einen Strampler gekauft haben, können Sie ihn auch hineinlegen. Schauen Sie sich den Inhalt der Box immer wieder allein oder mit einer Freundin oder Ihrem Mann oder den Kindern an und erzählen Sie von Ihren Gefühlen.

PFLANZEN SIE ETWAS

Pflanzen Sie einen Baum, einen Busch oder eine schöne Schale im Garten oder auf dem Balkon.

»Wir haben einen weißen Flieder in den Garten gesetzt. Anfangs war es ein kleines Bäumchen. Jedes Jahr wuchs er, bis er heute ein großer ausgewachsener Flieder ist. Jedes Jahr, wenn der Flieder wieder seine weißen Blüten zeigte, war es wie ein Gruß und eine Gewissheit, dass keiner vergessen wird. Der Winter mochte noch so lang gewesen sein. Nach jedem Winter kam ein neuer Frühling. Auch wenn ich anfangs mehrere Stunden, später Tage oder Wochen nicht mehr an das kleine Wesen gedacht hatte, erzählten mir die weißen Blüten in jedem Mai wieder neu von unserem Kind und ich dachte daran, dass es im Himmel ist und auf mich wartet. Es war wie ein Wink,

dass wir uns irgendwann kennen lernen und sehen wer-
den«, erzählt Tamara.

STELLEN SIE EIN KREUZ AUF

Manche mögen auch ein Kreuz aufstellen, so wie man es an manchen Straßen sieht. Da steht ein Kreuz mit ein paar Blumen. Auf dem Kreuz steht ein Name und das Datum des Unfalles. Oft sind es junge Menschen, die gerade erst den Führerschein hatten, die mit Auto oder Motorrad verunglückt sind. Und andere junge Menschen, ihre Freunde, wollen, dass dieser Tod nicht vergessen wird, dass er andere warnt. So suchen Menschen nach Symbolen. Besonders auch, wenn Sie noch andere Kinder haben, kann so ein Kreuz sehr wertvoll sein. Vielleicht wenden Sie ein, dass Sie nicht wissen, wann Ihr Kind starb, noch, ob es ein Junge oder Mädchen ist.

Unser achtjähriger Sohn fand einmal einen kleinen toten Vogel und wollte ihn unbedingt beerdigen. Er grub ein Grab, legte den Vogel hinein, suchte sich dann zwei Bretter, machte daraus ein Kreuz. Plötzlich stutzte er und überlegte, was er denn darauf schreiben sollte, da er weder den Namen des Vogels kannte noch wusste, wann er denn gestorben war. Nach ein paar Minuten schrieb er auf das Kreuz: Vogel, beerdigt am 12.7.2001.

Vielleicht könnten Sie es unserem Sohn nachmachen und auf das Kreuz schreiben: *Für unser Kind, gestorben im März 2003* oder *Für unseren kleinen Schatz, der nur 11 Wochen alt wurde* oder *Zur Erinnerung an unser Allerkleinstes.*

LEGEN SIE EINEN GEDENKTAG FÜR IHR KIND FEST

Legen Sie einen Tag als Geburtstag für Ihr Kind fest. Bei Totgeburten wäre es der Tag, an dem das Kind tot auf die Welt gekommen ist, bei Fehlgeburten entweder der Tag der Ausschabung oder ein Tag bzw. wenige Tage vorher. Backen Sie einen Geburtstagskuchen. Schreiben Sie Karten oder malen Sie ein Bild und hängen Sie die Karte oder das Bild an mit Helium gefüllte Luftballons, die Sie dann gen Himmel loslassen.

Meine Mutter starb am 14.7.1995. Am 4.9.1995 hätte sie ihren 73. Geburtstag gefeiert. Normalerweise wäre ich an diesem Tag zu ihr gefahren und wir hätten zusammen Pflaumenkuchen gegessen. Morgens schon überkam mich eine unglaubliche Traurigkeit, da weder mein Mann noch meine Kinder an Omas Geburtstag zu denken schienen. Keiner sagte: »Heute hätte Oma Geburtstag gehabt.« So beschloss ich, Pflaumenkuchen zu backen und eine Frau einzuladen, die auch gerade ihre Mutter verloren hatte. Den ganzen Nachmittag erzählten wir uns gegenseitig von unseren Müttern und wie wir sie vermissen.

Jeder Mensch trauert anders und es ist wichtig herauszufinden, was Ihnen persönlich gut tut. Überlegen Sie sich, wer mit Ihnen den Geburtstag Ihres Kindes verbringen könnte. Besonders die ersten 2 Jahre der Trauer werden erträglicher durch Begegnungen mit Menschen, die Ähnliches durchlebt haben. Irgendwann werden Sie feststellen, dass Sie diese Gedenkfeiern nicht mehr brauchen. Dann ist es auch gut so. Sie müssen nicht krampfhaft etwas tun, nur weil es fast schon ein Ritual ist. Seien Sie nicht traurig oder ärgerlich über Ihren Mann und die anderen Kinder, die Ihre Bedürfnisse nicht nachvollziehen können. Es ist auch nicht für alle wohltuend. Manche wollen eher vergessen und nicht immer wieder daran erinnert werden.

Kezia Frühauf erzählte in der ERF-Fernsehsendung *Hof mit Himmel* (Sendung vom 27./28.3.2004), dass sie zusammen mit ihrem Sohn Jafet und ihrem Mann den ersten Todestag ihrer fehlgeborenen Tochter mit Kaffee und Kuchen und einem Familienausflug begangen hätten. Sie wollten ganz bewusst damit umgehen, dass sie schon 2 Kinder hätten, eins an der Hand und eins im Himmel. Sie betonte auch noch einmal, dass für sie der Wert eines Menschen unabhängig vom Alter sei und sie deshalb das Leben dieses Kindes durch die Geburtstagsfeier wertschätzen wollte.

BETEILIGEN SIE SICH AM WELTWEITEN KERZENLEUCHTEN

1997 wurde der 2. Sonntag im Dezember erstmals zum Gedenktag der verstorbenen Kinder erklärt. Die »Mitfühlenden Freunde« (Compassionate Friends) hatten vorgeschlagen, dass auf der ganzen Welt jedes Jahr am 2. Sonntag im Dezember um 19.00 Uhr in der jeweiligen Zeitzone eine Kerze pro verstorbenes Kind angezündet würde. Dadurch würde ein Kerzenleuchten wie eine Lichterwelle um die ganze Welt gehen und an die toten Kinder erinnern. Wenn Sie das Bedürfnis haben, können Sie sich ja an diesem weltweiten Kerzenleuchten beteiligen.

KREIEREN SIE EIN SCHMUCKSTÜCK

Vielleicht haben Sie auch den Wunsch, ein Schmuckstück als Erinnerung an das Kind zu tragen. Entweder ganz schlicht einen Stein in einem Ring oder in einer Kette als Symbol, wie kostbar dieses Kind Ihnen war oder auch mit Gravur des Geburtstages und des Namens.

BESTELLEN SIE EINEN GEBURTSTELLER

In vielen Häusern findet man so genannte Geburtsteller. Sie sind meistens getöpfert und auf ihnen stehen alle Daten der Geburt. Vielleicht möchten Sie so einen Teller selbst gestalten.

STICKEN SIE EIN BILD

Auch Stickereien mit vielen bunten Motiven werden oft sehr individuell zur Geburt eines Kindes gefertigt. Sticken Sie gerne? Ist das für Sie eine Möglichkeit, Ihre Liebe zu diesem Kind, das Sie nicht in den Armen halten können, auszudrücken?

BASTELN SIE ETWAS

Pressen Sie sich eine Blume aus dem Garten oder kaufen Sie eine Blume, die es in der Jahreszeit gibt, in der das Kind gestorben ist. Sie können daraus ein Lesezeichen machen oder ein Bild für die Wand.

BESUCHEN SIE EINE SELBSTHILFEGRUPPE

In Selbsthilfegruppen treffen sich Menschen, die alle die Erfahrung gemacht haben, dass sie ein Kind verloren haben. In Deutschland gibt es unter anderem die Initiative Regenbogen, auf deren Internetseite man lesen kann, dass sie sich zusammengeschlossen haben, um »dem Leben wieder einen Sinn zu geben, glücklich zu werden, ohne das verlorene Kind zu vergessen«. Wenn Sie das Bedürfnis nach Austausch haben, dann schließen Sie sich solch einer Gruppe an. Adressen finden Sie am Ende des Buches.

BESUCHEN SIE EIN SEMINAR
FÜR VERWAISTE ELTERN

In jeder größeren Stadt gibt es Stellen, wo man erfahren kann, wer in der Gegend Seminare für verwaiste Eltern anbietet. Oft bieten kirchliche Stellen oder Volkshochschulen solche Kurse an, die dann am Wochenende stattfinden oder ein Treffen einmal monatlich über einen längeren Zeitraum. Oft tut es schon gut, zu erfahren, dass man nicht allein mit seiner Not ist, dass andere Ähnliches durchgemacht haben.

FINDEN SIE EINEN ORT DER TRAUER

Der Mensch sehnt sich nach einem Ort der Trauer. Es kann sein, dass es auf Ihrem Friedhof so einen Ort der Trauer für fehlgeborene Kinder schon gibt. Nehmen Sie sich die Zeit, dorthin zu gehen. Meistens steht in der Nähe eine Bank. Lassen Sie Ihren Gedanken und Gefühlen freien Lauf, sprechen Sie ein Gebet. Sie dürfen auch klagen, wütend sein und weinen. Es ist keine Schande, in der Öffentlichkeit zu weinen. Vielleicht treffen Sie sogar jemanden, der mit Ihnen weint.

Wenn es diesen Ort auf dem Friedhof nicht gibt, können Sie so einen Ort in Ihrer Wohnung, Ihrem Haus, auf der Terrasse oder im Garten schaffen. Man braucht nicht viel dazu. Eine Kerze, die man anzündet, ein knospender Zweig in einer Vase, eine weiße Rose oder was auch immer Sie mit Ihrem Kind verbinden. Setzen Sie sich und denken Sie über das Erlebte nach. Überlegen Sie, was Ihnen gut tun würde. Vielleicht liegt an diesem Ort auch ein Tagebuch, in das Sie von Zeit zu Zeit Ihre Gedanken aufschreiben. Oder Sie legen eine bestimmte CD auf mit beruhigender Musik. Für Ihre Seele ist es wichtig, dass Sie sich diese Zeit des Trauerns nehmen.

BLEIBEN SIE NICHT IN DER TRAUER STECKEN

Man kann jedoch auch in der Trauer stecken bleiben und nicht mehr herauskommen.

Je nach Tiefe der Beziehung dauert die Trauer erfahrungsgemäß etwa 2 Jahre. Danach gehört das Erlebte zu mir, aber es tut nicht mehr weh. Ich weiß vielleicht noch den errechneten Zeitpunkt der Geburt, aber ich muss beim Gedanken daran nicht mehr weinen.

Es muss einen Zeitpunkt geben, an dem ich mir selbst sage: »Jetzt hast du genug getrauert. Dein Kind möchte bestimmt, dass du wieder lachen und das Leben genießen kannst.« Auch wenn wir viele Dinge nicht verstehen, müssen wir sie irgendwann akzeptieren und abschließen. Auch die anderen Menschen, der Ehemann, die übrigen Kinder, Freunde und Bekannten sind noch da, für die es sich zu leben lohnt.

Leichter wird es bestimmt, wenn man nach einer Fehlgeburt noch weitere Kinder bekommen kann, wie eine Frau einmal sagte: »Die beste Medizin gegen Fehlgeburten ist eine erneute Schwangerschaft.«

Aber ich wünsche Ihnen, dass Sie das neue Kind nicht als Ersatz sehen. Jedes Kind will um seiner selbst willen geliebt werden. Es ist eine neue Schöpfung, ein einmaliges Geschenk, egal wie viele Tage es auf Erden leben darf. So sollten wir es auch verstehen.

Mein Gynäkologe sagte nach einer Fehlgeburt zu mir, als ich mit der Frage kam, ob er mir raten würde, noch mal schwanger zu werden: »Frau Horn, man hört nicht mit einer Fehlgeburt auf. Eine Fehlgeburt zeigt mir, dass Sie noch Kinderwunsch haben.« Als ich ihm sagte, dass ich die Familienplanung bis 40 eigentlich abgeschlossen haben wollte, meinte er: «Was würden Sie sagen, wenn meine Mutter mit 40 gesagt hätte, jetzt ist Schluss. Sie war 43 Jahre alt, als ich geboren wurde und sie starb erst sehr alt. Sie wissen doch genauso gut wie ich, dass Kinder ein Geschenk Gottes sind.« Ich habe den Rat ernst genommen, aber es war mir nicht vergönnt mit der Geburt eines Kindes abzuschließen. Ich habe sogar mit 2 Fehlgeburten abgeschlossen. Mein letztes Kind verlor ich mit 43 Jahren. Nach 2 Jahren der Trauer durfte ich erleben, wie ich von diesem tiefen Schmerz um die toten Kinder geheilt wurde. Ich freue mich, dass ich wieder Freude am Leben gefunden habe.

Manchmal muss man bewusst aus dem Boot der Trauer aussteigen. Haben Sie Mut dazu!

4. DEM ERLEBTEN EINEN SINN GEBEN

Im Menschen ist angelegt, immer wieder nach dem Warum zu fragen, und wenn wir schon auf das Warum keine Antwort bekommen, dann fragen wir nach dem Wozu. Wozu kann es gut sein? Wozu habe ich diese Erfahrung gemacht? Es kann nicht sein, dass es einfach eine Negativerfahrung war und ich gehe nach geraumer Zeit zur Tagesordnung über. Viele haben das Bedürfnis, dem Erlebten einen Sinn zu geben. »Es muss doch zu etwas gut sein«, denken sich manche.

Wenn Sie mit Ihrer Trauerarbeit schon so weit sind, dass Sie das Bedürfnis haben, auch anderen in ihrer Not zu helfen, gibt es mehrere Möglichkeiten sich zu engagieren. Sie können eine Patenschaft übernehmen, Kinder in Not beschenken, ins Krankenhaus als ehrenamtliche Mitarbeiterin gehen. Manche arbeiten in einer Selbsthilfegruppe mit oder gründen eine Selbsthilfegruppe. Wieder andere arbeiten mit, dass in ihrem Ort regelmäßig Gottesdienste für fehlgeborene Kinder angeboten werden oder dass eine Gedenkstätte für fehlgeborene Kinder auf dem Friedhof eingerichtet wird.

EINE PATENSCHAFT ÜBERNEHMEN

»Wenn schon mein Kind nicht leben darf, möchte ich dazu beitragen, dass es einem anderen Kind auf dieser Welt besser geht. Ich habe eine Patenschaft für ein Kind in der dritten Welt übernommen«, berichtet Ulrike. »Jedes Jahr bekomme ich einen Brief zu Weihnachten, in dem ich erfahre, wie es dem Kind geht, wie es in der Schule vorankommt und ich freue mich darüber, dass ich diese Patenschaft vor 5 Jahren begonnen habe. Es tröstet mich, dass der Tod meines Kindes nicht ganz umsonst war.«

EIN KIND IN NOT BESCHENKEN

Wenn mein Kind auf die Welt gekommen wäre, hätte ich immer eine Möglichkeit gehabt, Geschenke in der Stadt zu besorgen. Ich liebe es, andere zu beschenken. So habe ich mir Folgendes ausgedacht: An jedem Festtag, an dem ich für mein gestorbenes Kind ein Geschenk gekauft hätte, also Geburtstag, Weihnachten oder Ostern, besorge ich ein Geschenk, das dem jetzigen Alter meines Kindes entsprechen würde. Dann überlege ich mir, welchem Kind, das im Moment Sorgen hat, ich damit eine Freude bereiten könnte.

IM KRANKENHAUS BETROFFENE BESUCHEN

Wer kann anderen betroffenen Frauen besser helfen als jemand, der schon diese Erfahrung gemacht hat? Wenn ich durch den Tunnel gegangen bin, weiß ich, dass am anderen Ende wieder Licht ist, aber derjenige, der im Tunnel steckt, hat oft den Glauben daran verloren, dass es wirklich nur ein Tunnel und keine Höhle ist. Im Krankenhaus werden immer wieder ehrenamtliche Helfer gesucht. Oft heißen sie grüne Damen, weil sie einen grünen Kittel tragen und man sie so leicht erkennen kann. Sie haben die Aufgabe mit den Patienten zu reden, sie nach Wünschen zu fragen und kleine Botengänge zu machen. Wenn Sie sich beim Krankenhaus bewerben, können Sie ja gleich zu Beginn sagen, dass Sie gerne auf einer Station eingesetzt werden wollen, auf der Frauen mit Fehlgeburten liegen.

EINE SELBSTHILFEGRUPPE GRÜNDEN

Wenn es in Ihrem Ort noch keine Selbsthilfegruppe für verwaiste Eltern gibt, könnten Sie in Ihrer Gegend eine anbieten. Sie könnten sich von anderen Selbsthilfegruppen Anregungen holen, vielleicht auch für eine gewisse Zeit eine Selbsthilfegruppe in einem anderen Ort erst einmal besuchen, bis Sie es sich zutrauen, selbst mit der Arbeit vor Ort zu beginnen. Gerne werden

Sie auch von anderen Selbsthilfegruppen unterstützt und am Anfang mit Rat und Tat begleitet. Sie könnten mit den Gynäkologen vor Ort sprechen und anschließend in Arztpraxen oder im Krankenhaus einen Einladungszettel für betroffene Frauen auslegen lassen. Das Gespräch und das Verständnis ist am Anfang ganz wichtig. Jede Selbsthilfegruppe ist anders und hat andere Bedürfnisse. Vielleicht wollen Ihre Teilnehmer nur reden, andere wollen auch gerne mal einen Psychologen zwischendurch dabei haben, wieder andere möchten regelmäßig Referenten einladen, wieder andere wollen auch ein- bis zweimal pro Jahr gemeinsame Aktivitäten oder Ausflüge machen.

EINE GEDENKSTÄTTE
FÜR FEHLGEBORENE KINDER ERRICHTEN

In immer mehr Gemeinden entstehen auf öffentlichen Friedhöfen Gedenkstätten für fehlgeborene Kinder.

Vielleicht sind Sie Künstlerin und könnten solch einen Ort gestalten. Oder Sie regen an, dass sich die Politiker damit auseinander setzen und Sie helfen mit, dass so ein Ort durch Sammeln von Spenden oder durch Gründen eines Vereins entsteht.

An so einem Ort könnte ein Regenbogen aufgestellt werden – als Zeichen der Hoffnung, oder mehrere Bausteine übereinander gestapelt als Symbol für kleine Kinder oder ein Haus mit Fenstern als Zeichen, dass die fehlgeborenen Kinder im Himmel eine Wohnung haben. Es gibt mittlerweile viele Künstler, die sich mit dem Thema beschäftigen und wunderbare stille Orte geschaffen haben, wo sich betroffene Väter und Mütter aufhalten können. Ein Ort der Trauer, der Begegnung, der Ruhe, ein Ort des Gedenkens oder auch ein Raum für die Ratlosigkeit, Verzweiflung, Wut und Klage, für ein stilles Gedenken und vielleicht für eine neue Hoffnung und neuen Mut zum Leben.

Mechthild Amman hat bei der Ausschreibung, in Coesfeld eine Gedenkstätte für fehlgeborene Kinder zu gestalten, den 1. Preis gewonnen. Auszüge aus ihren Gedanken möchte ich im Nachfolgenden wiedergeben. Die Bildhauerin und Malerin gestaltete einen rechteckigen Raum, der umgeben ist von einer Buchenhecke. Man geht auf ein Haus zu, das inmitten eines kreisrunden, mit bunten Kieselsteinen bedeckten Feldes liegt.

Der von einer Buchenhecke umgebene Raum soll ausdrücken, dass hier ein Ort des Schutzes, des Verweilens entstanden ist. Das Haus hat sie ebenfalls gewählt als Ausdruck von Geborgenheit, Wärme, Zuflucht und Heimat. Das Haus trägt eine Inschrift aus der Bibel: »Es gibt viele Wohnungen im Haus meines Vaters« (Johannes 14,2). Dieses Wort verspricht uns: Hier ist Platz und hier können die verstorbenen Kinder wohnen. Mütter und Väter, die ein Kind verloren haben, mögen sich beim Anblick dieses Hauses getröstet fühlen. Das Wissen, dass die kindlichen Seelen in Gottes Haus aufgenommen sind, kann uns mit dem Tod versöhnen. »Schließlich ist im Licht des christlichen Glaubens ja der Tod nicht die endgültige Trennung, sondern verheißt uns die zukünftige Gemeinschaft in Gott«, erklärt Mechthild Amman ihre Gedanken. Jedes Haus hat eine Tür. Doch bei diesem Haus habe sie bewusst auf die Tür verzichtet. Eine Tür symbolisiert, dass man hinein- und hinausgehen kann. Aber das fehlgeborene Kind kann nicht mehr zu uns zurückkehren. Die Ansicht eines Hauses ohne Tür lässt uns nachdenklich werden.

Ihr Haus hat große, helle Fenster, die nicht durchsichtig sind, aber die Sonne widerspiegeln. Das Haus soll freundlich wirken. Eltern haben die Möglichkeit, jeweils eines der vielen Fenster für ihr Kind zu gestalten und den Namen oder ein Symbol eingravieren zu lassen. Eine Bank vor dem Haus lädt zum Verweilen, zum Nachdenken, zum Zur-Ruhe-Kommen ein.

Als ich neulich die Gräber meiner Eltern besuchte, ging ich über den Jülicher Friedhof. Plötzlich fiel mir eine Tafel mit der Inschrift »Für Früh- und Totgeborene« auf. Das Schild wies auf einen Weg hin und am Ende des Weges stand ein großer grauer Stein. Auf dem Stein hatte ein Künstler einen Baum geschaffen und darunter las ich: »Eure Namen sind im Himmel verzeichnet.« Ich dachte an unsere 5 Kinder im Himmel und freute mich darüber, dass auch in meiner Geburtsstadt eine Gedenkstätte für unsere Kinder aufgestellt worden war. Immer wieder gehen jetzt meine Gedanken zu diesem Ort des Friedens. Es ist besonders tröstend, da unsere fehlgeborenen Kinder nicht beerdigt wurden.

Oder auf dem Gehrdener Friedhof hat Thomas Müller Bauklötze aus Stein aufeinander gesetzt. Ich finde es sehr tröstlich zu wissen, dass sich Menschen Gedanken gemacht haben, wie man andere Menschen trösten kann, wie man ihnen helfen kann, das Unfassbare anzunehmen und in das Leben zu integrieren.

In der Nähe von Marburg steht inmitten von Kindergräbern eine Frau, die in ihren Armen fehlgeborene Kinder hält und sie liebevoll umgibt. Der besondere Schutz wird dadurch ausgedrückt, dass sie einen Umhang umhat, der über den Kopf und die Arme fällt.

Wir Menschen haben so ein unglaubliches Potenzial, kreativ zu werden. Entdecken Sie, was in Ihnen ist, um dem Erlebten einen Sinn zu geben.

5. WAS GEHT IN MÄNNERN VOR?

DER SCHEINBAR NICHT TRAUERNDE MANN

Oft beschäftigen sich Männer erst mit der Schwangerschaft, wenn der Bauch anfängt zu wachsen. Vorher können sie es gar nicht richtig glauben, nach dem Motto: Ich glaube nur, was ich sehe. Da sie bei der Schwangerschaft körperlich nicht direkt betroffen sind, erleben sie die Entstehung eines Kindes eher indirekt als Zuschauer. Als Mann beschäftigt man sich meistens eher mit Fakten als mit Gefühlen und Beziehungen. Deshalb wird eine Schwangerschaft erst richtig interessant, wenn es auf die Geburt zugeht. Außerdem möchten Männer lieber etwas tun, als nur zuschauen. So fühlen sie sich nicht sehr wohl in ihrer Haut, wenn sie die Schwangerschaft nur durch Erzählungen ihrer Frau erleben können. Wenn nun das gerade erst entstandene Kind schon in den ersten Wochen stirbt, fühlen sich viele Männer total überfordert, mit der Situation umzugehen. Gerade wurde der Gedanke erst zugelassen, dass sie Vater werden würden, da sind sie schon mit einer neuen Tatsache konfrontiert, nämlich dem Tod des Kindes. Freude darüber, Vater zu werden, konnte sich noch nicht so richtig Bahn brechen. Da soll man trauern um ein Kind, das man nie gesehen hat. Hinzu kommen vielleicht Gedanken wie:

»War sie überhaupt schwanger?«

»Na gut, dann eben das nächste Mal.«

»Wie gut, dass wir es noch niemandem erzählt haben.«

Wenn dann aber die Partnerin weint und total verzweifelt ist, fühlt sich der Mann oft ohnmächtig und in eine Situation gedrängt, aus der er am liebsten fliehen möchte – und das tun auch viele. Sie gehen Fußball- oder Tennisspielen oder treffen sich mit Freunden und wollen sich nicht mit der Fehlgeburt auseinander setzen. Männer sind eher wie ein Schubladenschrank gebaut und haben oft ein Schubladendenken und -leben, was an sich auch viele Vorteile hat. Es hilft ihnen, sich auf das zu konzentrieren, was sie gerade tun. Wenn sie bei der Arbeit sind, denken sie nicht gleichzeitig daran, wie man das Kinderzimmer einrichten könnte. Schublade Arbeit auf, bedeutet gleichzeitig Schublade Familie zu. So ist das auch mit dem Hobby. Sport auf und sie verschwinden darin. Ist der Sport zu Ende, wird diese Schublade wieder geschlossen und erst wenn sie dann ins Krankenhaus gehen, wird die Schublade Partnerschaft aufgemacht. So kann es passieren, dass sie stundenlang nicht daran denken, dass die Frau gerade ein Baby verloren hat und sie fühlen sich dann überfordert, mit dem Schmerz der Frau umzugehen. Manche mögen auch denken, dass die vielen Tränen für so ein bisschen Leben übertrieben sind. Das Leben geht weiter. Was nutzt es, so lange zu trauern? Wem bringt es etwas? Besonders, wenn die Partnerin immer wieder darüber reden möchte, schalten einige Männer vielleicht innerlich schon ab und denken: »Nein, nicht schon wieder die gleichen Gedanken. Es muss doch mal gut sein. Jetzt ist es schon 3 Wochen her. Langsam muss sie doch darüber weg sein.« Ich glaube, dass es gut ist, ehrlich zu sein. Man kann sich nicht künstlich Trauer schaffen, die nicht da ist. Vielleicht ist es auch gottgewollt so, dass nicht beide Partner zur selben Zeit tiefe Trauer empfinden, da das Familiensystem dadurch zusammenbrechen könnte. Wir haben es persönlich oft zeitversetzt erlebt, dass wir durch verschiedene Trauerprozesse gegangen sind. Im Nachhinein konnten wir dafür dankbar sein. So war immer einer fähig, für den Lebensunterhalt zu sorgen oder die anderen Kinder zu betreuen. Wenn beide gleichzeitig tief im Loch hängen, sieht keiner die Sonne, die weiter scheint oder die guten Dinge, die auch während der Trauer passieren.

Sie brauchen keine Schuldgefühle haben, wenn Sie nicht so um das tote Kind trauern wie Ihre Partnerin. Vielleicht gehen Sie später durch den Prozess der Trauer, dann ist es wichtig, der Trauer Raum zu geben.

Es mag aber auch Situationen geben, in denen man sogar froh ist, dass das Kind nicht auf die Welt kommen wird. Vielleicht fühlten Sie sich überrollt von den Ereignissen oder Sie fühlen sich noch nicht reif genug, diese Verantwortung zu übernehmen. Vielleicht sind Sie auch als Einzelkind groß geworden und konnten sich sowieso nicht vorstellen, zwei Kindern gerecht zu werden. Männer denken oft rationeller und überschlagen die Kosten für das Kind und sind dann erleichtert, wenn es nicht geklappt hat.

> »Ich bin mit meinem Bruder zusammen aufgewachsen. Immer haben wir uns gefetzt. Eigentlich gab es keinen Tag, wo wir uns nicht die Köpfe eingeschlagen haben. Keiner hat dem anderen etwas gegönnt. Das möchte ich meinem Sohn gerne ersparen. Deshalb bin ich froh, dass es bei dem einen Sohn bleiben wird.«
>
> (Originalton eines Vaters)

Ich kenne ein Ehepaar, das vier Fehlgeburten nach der Geburt eines Kindes hatte. Die Frau litt sehr darunter, aber der Mann meinte, ein Kind sei doch auch genug. Er konnte selbst nicht trauern und dachte immer, dass Trauern Zeitverschwendung sei. Warum sich mit Dingen auseinander setzen, die schon Vergangenheit sind?

DER TRAUERNDE MANN

Gehören Sie zu den Männern, die das oben Geschriebene nicht nachempfinden können? Sie wollen es nicht mehr hören und lesen, dass Männer eher keine Gefühle haben und sachlicher sind, da Sie nicht in das Klischee passen? Dann ist es wichtig, sich klar zu machen, dass bei den Klischees immer von 100 Männern im Vergleich zu 100 Frauen ausgegangen wird. Ein Klischee zeigt Tendenzen auf. Wenn auch im Allgemeinen viel mehr Frauen leichter eine Fremdsprache erlernen und Männer weniger Probleme beim Stadtplan lesen haben, sagt es trotzdem nichts über den einzelnen Mann und die einzelne Frau aus. Manche fragen sich auch, was sie als Mann überhaupt ausmacht, besonders, wenn sie in der Ehe vielleicht der Sensiblere sind. Sind Sie dann weniger Mann? Jeder hat männliche und weibliche Anteile und die einzigartige Mischung macht Sie zu dem, was Sie sind. Früher wurden Jungen mit Sätzen erzogen wie: »Ein Mann weint nicht.« Oder: »Ein Indianer kennt keinen Schmerz.« Mit dem Erfolg, dass sich viele Frauen beschweren, dass ihre Männer keine Gefühle zeigen. Jahrelang wurde es ihnen abtrainiert. Wichtig erscheint mir, dass Männer lernen, mit Gefühlen angemessen umzugehen. Sowohl mit Wut als auch mit Enttäuschung, Eifersucht und auch mit Trauer. Oft ist es auch eine Mischung aus verschiedenen Gefühlen, was einen übermannt. Ziel ist, nicht alles zu verdrängen und mit möglichst coolen Sprüchen Eindruck bei den Frauen zu machen, sondern sich ehrlich der Schwachheit und den Emotionen zu stellen. Frauen mögen Männer, die sich ihrer Tränen nicht schämen, die ihre Hilflosigkeit bei der Fehlgeburt zugeben und die aber auch mitfühlend trösten können.

Die Tiefe der Trauer um ein Kind, das nie geboren wurde, hängt oft auch davon ab, wie sehr man sich vorher dieses Kind gewünscht hat. Wenn ich schon 10 Jahre verheiratet bin, dauernd gefragt werde, wann es denn bei uns mal Nachwuchs gibt, und nun endlich eine Schwangerschaft eintritt, trifft mich die Fehlgeburt wahrscheinlich sehr tief. Oder vielleicht haben Sie schon 3 andere Kinder durch Fehlgeburt verloren. Wie oft haben Sie der Vorfreude wohl schon Raum gegeben? Wie viele Gebete wurden schon gesprochen? Und jetzt tritt das unfassbare Ende der Hoffnung ein: der Tod des Kindes.

Mein Mann sagte zu mir, als wir uns gerade angefreundet hatten: »Ich sehe, mit welcher Begeisterung du Medizin studierst. Willst du später Kinder mit mir haben? Wenn du sagst: ›Nein, ich will nur Karriere machen‹, dann werde ich mich von dir trennen, obwohl ich dich sehr liebe, da ich eine Frau heiraten möchte, die grundsätzlich ein Ja zu Kindern hat. Kinderwunsch gehört für mich zu einer Ehe dazu. Es ist etwas anderes, wenn wir keine bekommen können, das wäre für mich zwar sehr schwer, aber Schicksal.«

Geht es Ihnen auch so, dass für Sie Kinder sehr wichtig sind?

Rüdiger Jope schrieb in der Zeitschrift Family (4/2003) unter dem Titel: »Ich weine um dich« einen bewegenden Bericht über die Berg- und Talfahrt seiner Gefühle.

Zunächst lässt er uns an seiner Begeisterung über die eingetretene Schwangerschaft Anteil nehmen. Das Ehepaar Jope wünscht schon seit längerem, Eltern zu werden. Und so wird der Leser mit hineingenommen in diese Freude.

Doch dann die Nachricht, die alle Hoffnung zunichte macht: »Es tut mir so Leid. Die Schwangerschaft ist nicht o.k.« Diese Worte beenden jäh die 9 Wochen Himmel. Alle seine Träume vom ersten knuddeligen Teddy, von der bereits mit Eifer kreierten Geburtsanzeige, von dem versprochenen Vater-Kind-Wochenende und mit dem Sportbuggy Inliner zu fahren, zerrinnen und verschwimmen in Tränen. »Warum nur konnte ich nicht Papa werden von diesem kleinen Wurm???«, fragt er sich und Gott.

Rüdiger Jope beschreibt dann 7 Monate später, dass er erneut erleben muss, wie ein weiteres noch ungeborenes Kind stirbt. Sein Verstand kann den Gefühlen nichts entgegensetzen und so lässt er seinen Tränen freien Lauf. Weinend formuliert er das nachfolgende Gedicht:

HIMMELWÄRTS

Wir hätten DICH gerne ...
staunend in unsere Vater- und Mutterarme geschlossen,
getröstet in schlaflosen Nächten und Zahngeburtsschmerzen,
unterstützt bei den ersten wackeligen Gehversuchen,
getragen, wenn die Füße schwer werden,
geschoben durch Gottes geniale Schöpfung.

Wir hätten DIR gerne ...

erklärt, wie der Honig ins Glas kommt,
gezeigt, wie man einen Fahrradschlauch flickt,
beigebracht, wie man auf Skatern steht,
erzählt, wie die drei Schweine den Wolf besiegten,
vorgelebt, wie ein Leben mit Rückgrat aussehen kann.

Wir hätten gerne ...

Abgeben mussten wir DICH,
unser ungeborenes Kind.

GOTT und wir weinen,
aufgehoben wissen wir DICH.

Himmelwärts

Auch im Nachfolgenden kommt ein Mann zu Wort, der sich schon sehr auf den neuen Erdenbürger gefreut hat. Es wäre sein 3. Kind gewesen.

Andreas schreibt folgende Gedanken nach dem Tod seiner kleinen Tochter auf, die mit 15 Wochen im Mutterleib starb.

ANNA LENA
Heute ist ein regnerischer, trüber und nebeliger Tag.
Es sieht so aus, als ob die Schöpfung mit uns
und um dich
Anna Lena
trauert.

Deine Geburt könnte ein hoffnungsvolles
und freudiges Ere gnis sein!

Anna Lena
Doch deine Geburt ist leider eine Fehlgeburt.
Anna Lena
Irgendwann im Januar dieses Jahres
hat Gott dir den Lebensodem
eingehaucht.
Irgendwann im Oktober dieses Jahres
hättest du das Licht der Welt
erblickt.
Irgendwann in den vergangenen Tagen
ist dir der Lebensodem genommen worden.
Und irgendwann bist du ohne unser Wissen gestorben.
Anna Lena
Als wir merkten, dass etwas mit dir nicht mehr stimmte,
warst du bereits schon tot.
Als die Frauenärztin dich gestern noch untersuchte,
warst du bereits schon tot.
Und auch, als du gestern nochmals im Krankenhaus
untersucht wurdest,
warst du bereits schon tot.
Anna Lena
Heute hast du spontan um 9.45 Uhr
das Licht der Welt erblickt.
Tot.
Anna Lena
Gott sei Dank bist du spontan gekommen.
Anna Lena
Gott sei Dank dürfen wir getrost wissen,
dass du schon bei Jesus bist und lebst.
Anna Lena
Du darfst jetzt schon sehen, was wir noch glauben.
Anna Lena

DER SICH ZURÜCKZIEHENDE MANN

Manche Männer wollen ihre Tränen nicht zulassen. Oft finden sie auch keine Worte für ihre Gefühle und ziehen sich immer mehr zurück.

> Lea berichtet: »Nachdem ich schon eine Fehlgeburt durchleben musste, war ich erneut schwanger. Ich hatte große Angst, das Kind zu verlieren. Mein Mann zog sich total zurück und zeigte überhaupt keine Freude. Er wollte keine Gefühle zulassen, um nicht wieder enttäuscht zu werden. Ich fühlte mich dadurch verletzt und zog mich auch zurück. Als es dann wirklich zu einer 2. Fehlgeburt kam, konnten mein Mann und ich nicht aufeinander zugehen. Er konnte mich nicht trösten. Wir waren uns durch die Sprachlosigkeit fremd geworden.«

MANN REAGIERT NICHT IMMER GLEICH

Es mag sogar sein, dass ein und derselbe Mann sehr unterschiedlich in verschiedenen Situationen reagiert. Mein Mann ging mit mir 5 Mal durch den Prozess der Fehlgeburt. Bei den ersten Fehlgeburten hat er eher sachlich, vom Verstand her reagiert, aber um die letzte Fehlgeburt hat er 2 Jahre tief getrauert, und obwohl es jetzt schon 7 Jahre her ist, befindet sich unter der Narbe immer noch eine leicht aufreißbare Wunde.

6. WAS WÜNSCHEN SICH FRAUEN VON IHREN PARTNERN?

GEBORGENHEIT DURCH BERÜHRUNG

Viele Frauen wünschen sich Männer in solchen Situationen, die sie liebevoll in den Arm nehmen. Sie brauchen den Trost, die Nähe, die Zärtlichkeit des Partners, das Händehalten, eine Berührung, die sagt: »Ich hab dich lieb.«

Mein Mann holte mich ab und tröstete mich, indem er mich einfach in die Arme nahm und mich weinen ließ.

LIEBEVOLLE GESTEN

Die meisten freuen sich über ein paar Blumen. Es muss kein großer Strauß sein. Vielleicht spricht gerade nur eine Blume oder ein kleiner Strauß das Herz der Frau besonders an.

Als ich unser Kind in der 9. Schwangerschaftswoche verlor, brachte mir mein Mann eine weiße Rose mit ins Krankenhaus. Immer wenn ich diese wunderschöne Blume ansah, dachte ich an unser kleines Kind, das jetzt nicht mehr in mir weiterwuchs. Diese weiße Rose bedeutete mir sehr viel. Ich fotografierte sie und wollte nicht, dass sie verblühte. Zumindest wollte ich sie als Foto behalten, wenn ich schon das Kind nicht sehen konnte. Das Kind war aus unserer Liebe entstanden. Keine andere Blume versinnbildlicht Liebe so sehr wie eine Rose. Dadurch, dass mein

Mann eine weiße Rose gewählt hatte, war es für mich klar,
dass es nicht um unsere Liebe ging, sonst hätte er Rot ge-
wählt. Die weiße Farbe erzählte etwas von Reinheit, von
Unschuld. Unser Kind war noch unschuldig. Es hat mir
gut getan, mich mit diesen Gedanken zu beschäftigen und
sie mit meinem Mann auszutauschen.

Kleine Grüße in Karten- und in Briefform zeigen der Frau, dass
man sich Gedanken um sie macht. Manchmal genügt ein Satz:
- »Ich denke an dich.«
- »Ich will für dich da sein.«
- »Ruf mich an, wenn du mich brauchst.«
- »Du bist mir sehr wichtig.«

Auch die Lieblingspralinen können ein Zugang zum Herzen
sein. Vielleicht wehrt sie zunächst ab und sagt, dass sie nichts essen kann. Aber sie wird sich trotzdem freuen und sie dann vielleicht später essen, wenn Sie schon wieder zu Hause sind.

ZUHÖRENDE OHREN
Nehmen Sie sich Zeit zuzuhören. Dazu ist es wichtig zu verstehen, dass viele Frauen durch Reden verarbeiten. Es kann passieren, dass Ihre Partnerin immer wieder das Unfassbare erzählen
will. Für Sie erscheint es vielleicht unsinnig oder Sie sagen sich,
das Sie das doch schon alles wissen. Es gibt keine neuen Er-
kenntnisse. Warum lassen wir nicht einfach Gras über die Sache
wachsen? Aber eine Frau hat das Bedürfnis, die Geschichte immer wieder durchzugehen. Ein Mann möchte Probleme lösen
und so könnte es sein, dass Sie in sich die Versuchung spüren,
Ratschläge zu geben. Aber normalerweise möchte eine Frau keine Ratschläge hören, wie sie zum Beispiel wieder lachen lernen
könnte. Sie will um dieses Kind, das nicht leben darf, trauern dürfen. Als Mann erscheint Ihnen vielleicht Trauern als eine sinnlose,
Zeit vergeudende Tätigkeit. Mein Vater war Landarzt und er sagte immer: »Wenn Trauer nicht geleistet, sondern verdrängt wird,

kommt sie an anderer Stelle heraus, z. B. als Krankheit.« Die Mediziner nennen das die psychosomatischen Krankheiten. Krankheiten, die in der Psyche ihren Ursprung haben.

Wenn Frauen niemanden zum Reden haben, der bereit ist, sich immer wieder von neuem den Ablauf der Fehlgeburt anzuhören, laufen sie ins Leere und verziehen sich in ein Schneckenhaus oder entwickeln eine Krankheit. Die Trauer kann dadurch auch verlängert werden oder man kann sogar in der Trauer stecken bleiben.

LIEBESBETEUERUNG

Viele Frauen, die eine Fehlgeburt erleiden, fühlen sich als Versager. Ihre Gedanken kreisen um Sätze wie: »Ich bin noch nicht mal fähig, ein Kind auszutragen.« Oder sie glauben, dass sie jetzt vom Ehemann abgelehnt werden. Noch schlimmer ist, dass sie sich selbst die Schuld am Tod des Kindes geben oder glauben, dass der Partner ihnen die Schuld für die Fehlgeburt geben könnte.

Nach zwei normalen Schwangerschaften und Geburten war ich relativ schnell wieder schwanger geworden. Da ich aber innerhalb von 3 Jahren 3 Kindern das Leben geschenkt hatte – einer Tochter und einem Zwillingspärchen –, fühlte ich mich von der erneuten Schwangerschaft überfordert und wollte mich nicht so recht darauf einlassen und freuen. Als kurze Zeit später Wehen einsetzten und das Kind als Fehlgeburt abging, hatte ich furchtbare Schuldgefühle.

Bitte versichern Sie Ihrer Frau immer wieder, dass sie für Sie auch als Ehefrau etwas ganz Besonderes ist. Geben Sie ihr nicht die Schuld für das, was geschehen ist. Es gibt so viele Ursachen für eine Fehlgeburt, dass man sehr vorsichtig mit Erklärungen sein muss. Sagen Sie ihr, dass Sie sich zwar ein Kind sehr wünschen, aber dass Ihre Liebe nicht daran gebunden ist, ob sie ein Kind austragen wird. Es ist wichtig, dass Sie gemeinsam das Erlebte tragen.

Ich hatte eine kleine Pflegetochter, die mich eines Tages fragte: »Mama, wie war es, als ich in deinem Bauch war.« »Du warst nicht in meinem Bauch«, gab ich zur Antwort. Daraufhin wunderte sie sich: »Also war ich im Bauch einer fremden Frau? Das will ich aber nicht, ich will in deinem Bauch gewesen sein.« Ich wollte bei der Wahrheit bleiben und sagte: »Das können wir aber nicht ändern, du warst nicht in meinem Bauch.« Ich erzählte einer Sozialarbeiterin das Vorgefallene, worauf sie mir einen sehr weisen Rat gab, den ich bis heute immer wieder versuche anzuwenden. Sie sagte: »Der Schlüssel zum Herzen des Kindes hätte darin gelegen, sich mit ihr zusammen ins Boot zu setzen und sie nicht allein weiterfahren zu lassen. Sie hätten ganz einfach antworten können: ›Meine geliebte kleine Tochter, das wäre auch für mich das Schönste auf der Welt gewesen, wenn ich dich schon im Bauch hätte fühlen und auf die Welt bringen dürfen, aber leider war es nicht so.‹ Dann hätte das Kind Ihre Anteilnahme gepaart mit Wahrheit gespürt.«

So möchte ich Sie einladen, sich mit zu Ihrer Frau ins gleiche Boot zu setzen. Auch wenn Sie viele ihrer Gedanken und Gefühle nicht nachvollziehen können, versuchen Sie ihr das Gefühl der Zusammengehörigkeit zu geben. Sagen Sie ihr vielleicht:

»Ich wünschte, ich könnte so trauern wie du. Danke, dass ich durch dich erlebe, wie sehr du dich schon auf unser Kind eingelassen hast. Ich will deine Tränen aushalten, dein Weinen, bis du wieder mit mir lachen kannst.«

SCHUTZ HINTER EINEM STARKEN MÄNNERRÜCKEN

Viele Frauen wünschen sich auch, dass sie sich hinter einem starken Männerrücken verstecken können. Was meine ich damit? Auch wenn die meisten Frauen gerne telefonieren, kann es sein, dass sie sich nicht in der Lage fühlen, die Fehlgeburt bekannt zu geben. Übernehmen Sie die Anrufe, die getätigt werden müssen, um Verwandte, Freunde und Nachbarn oder Arbeitskollegen zu informieren. Besprechen Sie vorher gemeinsam, ob Ihre Frau Besuch wünscht oder lieber Zeit für sich allein braucht.

Viele Menschen sind überfordert, wenn man ihnen davon erzählt, dass man ein Kind verloren hat. Sie wissen nicht, was sie sagen sollen und sagen dann manchmal verletzende Sätze. Dann ist es gut, wenn Sie als Mann wie ein Filter für Ihre Frau sind. Sie muss nicht alle Kommentare selbst hören. Denn man muss bedenken, dass Ihre Frau nach der Ausschabung verletzbarer ist als sonst.

7

WIESO KANN EINE FEHLGEBURT ZU EINER KRISE IN EINER PARTNERSCHAFT FÜHREN?

DIE UNTERSCHIEDLICHKEIT VON MANN UND FRAU

> **Männer suchen meistens Lösungen für Probleme**

Männer sind darauf bedacht, Lösungen zu finden. Oft nervt das die Frauen. Sie wollen einfach nur erzählen, wie ihr Tag gewesen ist und schon hat ihr Mann eine Lösung, wie der Tag hätte besser laufen können. Aber so ist ihre Natur, so sind sie geschaffen. Männer wollen etwas tun für die Familie – nicht nur reden und nachdenken. Deshalb ist es für sie auch so schwer, durch Trauerprozesse zu gehen. In der Trauer sind ihnen die Hände gebunden, sie haben keine Chance, etwas zu tun, etwas wieder gutzumachen. Deshalb fliehen sie so oft in den Sport, die Kneipe oder zu Freunden. Sie wollen sich mit dieser Unfähigkeit etwas ändern zu können, nicht konfrontieren. Bei den Frauen kommt das dann oft als Gefühlskälte an und sie verurteilen ihre Männer als unsensibel. Mögen wir Frauen hinter der Fassade ihre Hilflosigkeit sehen und damit Barmherzigkeit für sie finden.

Dawn Waltmann schreibt in ihrem Buch »In a heartbeat« davon, dass ihr Mann Brian immer gern und erfolgreich zerbrochenes Spielzeug für seine Kinder reparierte. Nach dem Tod ihrer Tochter Molly machte ihm seine Hilflosigkeit am meisten zu schaffen. Ihm waren die Hände gebunden. Er hatte keine Möglichkeit, das Tote für seine Frau, seine Kinder und sich wieder lebendig zu machen. Nach seinen Gefühlen zum Tod seiner Tochter befragt, sagte er nur: »Ich kann es nicht reparieren.«

➤ Männer brauchen eine Höhle

Während Frauen oft andere Menschen zum Reden brauchen, gehen viele Männer durch den Leidensprozess lieber allein. John Gray schreibt in seinem Buch: »Männer sind anders, Frauen auch«, dass Männer Höhlenmenschen sind. Sie benötigen immer wieder mal ihre Rückzugsmöglichkeiten. Eine Höhle kann ein Ort am Fluss sein, an dem man die Angel hineinhält. Dabei ist es nicht wichtig, ob ein Fisch anbeißt. Es kann auch ein Ausflug auf dem Fahrrad sein oder einfach etwas im Keller basteln. Frauen sind oft von den Alleingängen des Partners verletzt und bedrängen den Mann dann, sobald er zur Tür hereinkommt mit Fragen, was er denn gemacht habe und wie es ihm gehe. Ich glaube, dass es wichtig ist, dem Mann solche Zeiten zuzugestehen, ohne dass wir ihm ein schlechtes Gewissen einreden. Seine Art zu trauern ist eben oft anders.

➤ Frauen brauchen Träume

Während Männer oft Gegebenheiten auch als solche nehmen, hängen Frauen oft ihren Gedanken nach. Welche Augenfarbe hatte wohl unser Kind? Welches Geschlecht hat es gehabt? Ob es wohl mal Schreiner oder Lehrer geworden wäre? Frauen haben oft eher das Bedürfnis darüber nachzudenken, während Männer sich damit nicht beschäftigen wollen. »Was sollen diese Spekulationen? Was bringt das denn? Das hilft doch niemandem. Warum quälst du dich mit solchen Gedanken?«, hört man dann die Männer sagen.

Suchen Sie sich zum Träumen lieber eine andere Frau als Ihren Partner. Ich glaube, dass Sie ihn damit überfordern würden.

➤ Frauen brauchen Rituale

Frauen denken an Hochzeitstage und Geburtstage. Frauen schauen immer wieder die wenigen Erinnerungsstücke von dem Kind an. Frauen werden nicht müde, immer wieder über die traurigen Ereignisse zu reden, während Männer das Bedürfnis haben, dass möglichst schnell Gras über die Sache wächst. Überlegen Sie sich, was Ihnen wirklich wichtig ist, um es mit Ihrem Partner gemeinsam zu erleben, und helfen Sie ihm dann dabei, es nicht zu vergessen. Erwarten Sie nicht von Ihrem Mann, dass er an den Geburtstag des Kindes denkt oder an den errechneten Entbindungstermin. Wenn es Ihnen wichtig ist, dann bereiten Sie es vor. Sie können zum Beispiel sagen: »Schatz, es wäre mir wichtig, wenn wir am nächsten Mittwoch zusammen essen gehen würden, da wäre der 1. Geburtstag unseres Kindes. Ich will an dem Abend nicht gerne allein sein. Kannst du das einrichten?« Erwarten Sie nicht, dass Ihr Partner Gedanken lesen kann, sonst werden Sie bestimmt enttäuscht werden. Akzeptieren Sie Ihren Partner, wie er ist. Männer fühlen sich ernst genommen, wenn sie wissen, was man von ihnen erwartet.

UNTERSCHIEDLICHE BEDÜRFNISSE IM BEREICH DER SEXUALITÄT

Paare, die eine Fehlgeburt erleben mussten, sind auf dem Gebiet der Sexualität oft verunsichert.

> *»Ich kann es gar nicht genau erklären, aber in mir empfinde ich eine Sperre, mit meiner Frau zu schlafen. Wie kann ich jetzt das Bedürfnis nach sexueller Vereinigung zulassen, wenn ich eigentlich trauern müsste? Kann ich das meiner Frau antun? Sie muss mich für gefühlskalt halten«, fragt sich Simon.*
> *»Obwohl ich gerade ein Kind verloren habe, sehne ich mich nach der Zärtlichkeit meines Mannes. Ich würde so gerne mit ihm eins werden, aber er will nicht. Er sagt, er bräuchte noch Zeit«, erzählt Sophia.*

Im Bereich Sexualität gibt es kein richtig oder falsch. Jedes Paar muss miteinander und zueinander wieder neu einen Weg finden.

Ich beobachte, dass sich oft die Frauen früher wieder nach Geschlechtsverkehr sehnen als Männer. Für sie liegt in der Berührung ein tiefer Trost, eine Geborgenheit, ein Gefühl: »Mein Mann liebt mich trotzdem, auch wenn ich nicht fähig war, ihm ein Kind zu schenken.«

Gehen Sie ehrlich mit sich selbst um. Verurteilen Sie sich nicht für Ihre Gefühle. Durch die Sexualität entsteht ein ganz festes Band zwischen Mann und Frau. Und gerade in Krisensituationen ist es gut, wenn Sie sich gegenseitig sagen: »Egal, was passiert, wir halten zusammen, wir beschenken einander. Wir haben ja noch uns beide.«

Suchen Sie immer wieder neu das Gespräch. Nehmen Sie sich gegenseitig in den Arm und versuchen Sie, den kleinsten gemeinsamen Nenner zu finden. Was ist für dich noch schön? Wo kannst du dich fallen lassen? Es muss sich nicht widersprechen, um ein Kind zu trauern und trotzdem die Liebe zum Mann zu genießen.

8. DAS BESONDERE VERHÄLTNIS ZU ELTERN UND SCHWIEGERELTERN

Kinder – egal wie alt sie sind – haben das Bedürfnis, von den Eltern und Schwiegereltern geliebt zu werden und sie möchten auch, dass die ältere Generation stolz auf sie ist. Viele Handlungen entspringen diesem Motiv. Vielleicht auch auf Grund dieser Erwartungshandlung trifft jedes Wort, das Eltern oder Schwiegereltern sagen, tief ins Herz – sei es Lob oder Tadel. Leider geschehen oft Verletzungen, weil man zu offen zueinander ist und sich bis zur Schmerzgrenze gegenseitig die eigenen Meinungen sagt. Auf Grund von vielen Seelsorgegesprächen, in denen Kinder über Aussagen der Eltern weinten, möchte ich Sie, liebe Eltern und Schwiegereltern, bitten, sich sehr genau zu überlegen, was Sie sagen und was nicht. Alles, was Sie äußern, hat doppeltes Gewicht. Ein anderer Grund für Verletzungen ist, dass Kinder von ihren Eltern oder Schwiegereltern eigentlich Hilfe und Verständnis erwarten. Wenn das ausbleibt, fühlen sie sich verletzt, besonders, wenn sie bei Freunden sehen, dass andere Eltern in der Not sofort zur Stelle sind, um zu helfen und zu trösten. Versuchen Sie sich in die Lage der jungen Generation hineinzuversetzen. Vielleicht macht Sie nachfolgender Satz auch nachdenklich:

Die junge Generation hat nicht die Aufgabe, die ältere Generation zu verstehen, sondern die ältere die jüngere, denn die Älteren waren schon mal jung.

Liegt darin nicht der Schlüssel? Wie wohltuend wäre es, wenn wir aus unseren Erlebnissen zum Wohl der nachfolgenden

Generation lernen würden. Ich bin vielleicht selbst durch meine Mutter verletzt worden, als ich ihr von meiner Fehlgeburt erzählte, und ich reagiere jetzt verständnisvoll bei meiner Tochter und versuche ihr zu helfen, so gut es geht.

REAKTIONEN AUF EINE FEHLGEBURT

Eine junge Frau sagte mit Tränen in den Augen: »Was mich am meisten verletzte und traurig machte, war, dass meine eigenen Eltern unserer Situation gegenüber kein Verständnis zeigten, sondern lediglich abfällige und verletzende Bemerkungen übrig hatten.«

Folgende Sätze fallen oft, wenn Kinder ihren Eltern mitteilen, dass sie ein Kind verloren haben:
- Wie gut, dass das Kind gestorben ist, es wäre eine Überforderung für dich gewesen.
- Habt ihr das Kind eigentlich gewollt?
- Ich habe mir gleich gedacht, dass du das Kind nicht halten kannst, so unvernünftig wie du lebst.
- Es ist schon gut so. 3 Kinder reichen auch.
- Gräm dich nicht, andere haben auch schon Kinder verloren. Du bist nicht die Einzige.
- Du hättest dich auch mehr schonen müssen.

Oft fangen die Verletzungen aber schon vor der Fehlgeburt an, nämlich wie Eltern auf die Ankündigung eines neuen Erdenbürgers reagieren.

REAKTIONEN AUF EINE SCHWANGERSCHAFT
Wenn Kinder ihren Eltern von einer Schwangerschaft erzählen, reagieren Eltern oft spontan, ohne nachzudenken, was die Bemerkungen bei den Kindern auslösen können:

- Wisst ihr denn nicht, wie man verhütet? Heute muss doch niemand mehr schwanger werden, der nicht will.
- Ihr könnt aber nicht erwarten, dass ich mich jetzt über die Nachricht freue, dass ihr ein Kind bekommt.
- Muss das denn sein, dass du schon wieder schwanger bist?

Viele Kinder fühlen sich durch Äußerungen ihrer Eltern verletzt. Bei manchen Eltern hat man den Eindruck, dass ein Enkelkind nie zur richtigen Zeit kommt. Mal ist die Ausbildung noch nicht abgeschlossen, mal das Haus noch nicht gebaut. Mal sind es schon zu viele Kinder, mal ist der Abstand zwischen den Kindern zu klein. Und manche Eltern trauen ihren Kindern überhaupt nicht zu, Kinder großzuziehen.

Eine junge Frau sagte mir mal: »Wissen Sie, warum ich 4 Kinder habe? Meine Mutter hat immer gesagt: ›Du schaffst sowieso nicht mehr als 2 Kinder großzuziehen.‹ Ich wollte es meiner Mutter beweisen.«

Eltern haben eine unglaubliche Macht mit dem, was sie sagen. Deshalb bitte ich Sie, so manche Bemerkung lieber hinunterzuschlucken oder für sich zu behalten, als sie Ihrer Tochter oder Ihrem Sohn zu sagen. Denn alles Negative, was Sie sagen, scheint sich sehr tief in die Seele einzugraben und ist oft noch jahrelang abrufbar. Kinder sehnen sich nach der Ermutigung und dem Lob der Eltern. Die Anerkennung der eigenen Eltern, die einen so gut kennen, ist doppelt viel wert.

Neulich erzählte mir Maria ganz begeistert, dass ihre Mutter zu ihr Folgendes sagte: »Ehrlich gesagt, hätte ich nie gedacht, dass du später mal einen so großen Haushalt führen könntest. Wenn ich daran denke, wie oft ich dich ermahnen musste aufzuräumen. Und jetzt stehe ich staunend davor, wie gut du deine Kinder erziehst und wie ordentlich du deinen Haushalt führst. Alle Achtung.«

Wissen Sie, wie sich die Tochter freute und wie beflügelt sie weiterarbeitete? Wann haben Sie Ihren Kindern zuletzt gesagt, dass Sie stolz auf sie sind?

Viele Eltern sorgen sich um das Wohl der Kinder und machen dann verletzende Äußerungen, ohne es zu wollen. Viele haben Angst, dass ihre Kinder die gesundheitliche Belastung einer Schwangerschaft oder auch Kinder großzuziehen nicht durchhalten. Durch ihre Lebenserfahrung wissen sie, was so alles passieren kann und so sind sie in Sorge, was auf das junge Paar zukommt. Besonders belastend wirken sich die vielen Geschichten aus, die man von Freunden und Bekannten hört. Während sich junge Menschen nicht unbedingt damit beschäftigen, dass etwas schief gehen könnte, sieht die ältere Generation oft die Gefahr überdimensional groß.

Vielleicht steckt auch im Hinterkopf die Angst, welche Verantwortung auf sie als Großeltern zukommen würde, wenn die Frau länger liegen muss oder sich Komplikationen einstellen.

»Es ist unverantwortlich, noch mehr Kinder in die Welt zu setzen. Du bist immer wieder krank und andere müssen dann deine Arbeit machen. Findest du das eigentlich richtig? Wer Kinder bekommt, muss auch in der Lage sein, sie großzuziehen, ohne laufend andere einzuspannen«, sagte eine Mutter zu ihrer Tochter.

Manche Äußerungen mögen unüberlegt sein und können später nicht so einfach zurückgenommen werden. Vielleicht ist es aber auch möglich, sich für die eine oder andere Bemerkung zu entschuldigen.

Aus diesen Erfahrungen heraus verheimlichen Kinder ihren Eltern gegenüber manchmal die Schwangerschaften. Kommt es dann zur Fehlgeburt, überlegen sie, ob sie die Fehlgeburt nicht auch für sich behalten wollen. Schwierig daran ist nur, dass eine Frau oft noch eine gewisse Zeit der Ruhe braucht, um körperlich wieder zu Kräften zu kommen. Manchmal haben die Frauen schon 2 Monate Übelkeit hinter sich und dann die Kurznarkose mit Ausschabung, hinzu kommen die Hormonumstellung und die Verarbeitung der Trauer. Wenn man dann immer so tun muss, als ob alles o.k. ist, kann das sehr anstrengend sein.

Eine Frau hatte Angst, ihren Eltern zu erzählen, dass sie schon wieder schwanger ist und behielt die Schwangerschaft für sich. Es wäre das 5. Kind gewesen und ihre Eltern hatten schon beim 4. Kind gemeint, ob das denn sein müsse. So beschloss sie, die Schwangerschaft so lange wie möglich für sich zu behalten. Doch dann geschah die Fehlgeburt in der 11. Woche. Sie fragte ihre Mutter, ob sie auf die Kinder aufpassen würde. Sie hätte einen Termin in der Stadt und wäre am frühen Nachmittag zurück. So ließ sie die Ausschabung ambulant durchführen, ohne ihren Eltern etwas davon zu erzählen. Auf Vorwürfe, nach dem Motto: »Warum bist du denn schon wieder schwanger geworden«, hatte sie keine Lust. Außerdem fürchtete sie sich vor Kommentaren wie: »Na, vielleicht ist es ja besser, dass das Kind gestorben ist.« Wieder zu Hause angekommen, spielte sie vor ihren Eltern und Kindern die Starke – obwohl sie ziemlich müde und emotional durcheinander war. Auch auf die Frage ihrer Mutter, »ob alles in Ordnung sei, sie sähe so blass aus«, sagte sie nichts. Ihr Mann kam überraschend früher nach Hause, was die Kinder etwas verunsicherte, aber auch den Kindern wollten sie nichts sagen. So blieben die beiden allein mit ihrem Wissen. Einer Freundin gegenüber meinte die junge Frau später: »Ob es so richtig war, weiß ich nicht. Ich war sehr einsam in meinem Schmerz, konnte keinen bitten mir zu helfen, da ich keinen Verdacht erregen wollte und traute mich auch nicht, mich hinzulegen, weil dann die Kinder gefragt hätten.«

Ich wünsche Ihnen viel Weisheit im Umgang mit Kindern und Schwiegerkindern und dass Sie einen guten Weg finden zwischen Unterstützung der neuen Generation und dem Recht, auch das eigene Leben zu genießen.

9. WIE KANN ICH ALS FREUNDIN ODER FREUND HELFEN?

»Geteiltes Leid ist halbes Leid«, sagt der Volksmund. Wie wohltuend, wenn man in Krisenzeiten wahre Freunde hat.

STILLE ANTEILNAHME

Eine Frau, die eine Fehlgeburt erleiden musste, sagte: »Mir hat sehr geholfen, dass eine gute Freundin mich besuchte, die mich in den Arm nahm und mit mir geweint hat.«

Manchmal fehlen einem die Worte. Es kann reichen, was Lisa berichtet:

»Meine Freundin saß einfach nur da und hielt meine Hand. Wir verstanden uns ohne Worte. Was sollte man auch zu solch einem Ereignis sagen. Wir saßen in einem Boot und die Zeit schien stillzustehen.«

Haben Sie keine Angst vor der Begegnung, vor den fehlenden Worten. Es verletzt, wenn Sie aus Hilflosigkeit nicht kommen, nicht anrufen, nicht schreiben. Aber es ist in Ordnung, wenn Sie zugeben:

- Ich bin so hilflos.
- Ich weiß nicht, wie ich mit der Situation umgehen soll.
- Ich weiß einfach nicht, was ich dazu sagen soll.
- Ich bin so unsicher.

Eine Umarmung, ein Händedruck kann so viel Wärme und Mitgefühl ausdrücken. Lassen Sie sich nicht von Unsicherheit abhalten.

WORTE, DIE WOHL TUN
Sagen Sie zu Ihren Freunden:
»Ich denke an dich und es tut mir so Leid.« Oder: »Ich bin immer für dich da. Wenn du das Bedürfnis hast, mit jemandem zu reden, ruf mich an – auch mitten in der Nacht. Ich will für dich da sein, mit dir durch diese Tiefe gehen. Ich bin bereit, mir immer wieder deinen Schmerz, deine Klage, deine Wut und Enttäuschung anzuhören. Immer wieder mit dir durchzugehen, wie es alles geschah.«

Es gibt Menschen, die brauchen es für den Verarbeitungsprozess, immer wieder von der Fehlgeburt erzählen zu dürfen, wie alles begann mit den Blutungen, wie die Wehen anfingen und wie sie sich bei der Ausschabung gefühlt haben. Sie wollen auch noch nach einer Woche, nach drei Wochen und nach einem halben Jahr davon erzählen dürfen und danach gefragt werden. Sie wollen die Fehlgeburt nicht verdrängen, sondern verarbeiten und dazu brauchen sie Freunde, die nicht genervt reagieren, wenn sie mitten auf der Geburtstagsparty wieder in ein Loch fallen und scheinbar allen anderen die Stimmung verderben oder kurzfristig eine Verabredung mit Freunden absagen, da ihnen wieder zum Heulen ist. Sie brauchen ein Gegenüber, das keine Vorwürfe macht, keine klugen Ratschläge gibt, sondern einfach nur zuhört und aushält. Am wichtigsten sind Freunde, die den errechneten Entbindungstermin noch wissen oder den Jahrestag oder Geburtstag und dann anrufen und fragen, wie es denn heute geht, ob man mal vorbeikommen solle. Dann fühlt man sich nicht so allein.

Da man in der Trauerarbeit oft wie gelähmt ist, ist es wichtig, dass die Initiative bei den Freunden liegt. Man ist oft unfähig zum Telefonhörer zu greifen, aber man würde sich über einen Anruf sehr freuen.

Oft isoliert die Trauer. Wer will schon mit jemandem zusammen sein, der nicht lachen kann. Viele beklagen, dass die Menschen oft nur ein kurzes Stück der Trauer mitgehen. Bleiben Sie deshalb am Ball, auch wenn es zwei Jahre dauert. Stellen Sie sich lieber auf einen Marathon ein als auf einen Sprint.

Manche Menschen trauern lieber still und allein, manchmal ist das auch wechselnd, heute reden und morgen in Ruhe gelassen werden. Deshalb ist es gut, am Anfang eines Gespräches zu fragen: »Was würde dir jetzt gut tun? Wollen wir miteinander sprechen?«

HILFE ANBIETEN

Wenn Sie ein Mensch sind, der gerne praktisch etwas tut, könnten Sie auch Ihre Hilfe anbieten. »Soll ich dir mal die Wohnung saugen, Wäsche bügeln, etwas einkaufen gehen?« Denn oft hat man keinen Antrieb für die einfachsten Dinge. Wäsche waschen erscheint schon als ein Berg von ungeahnter Größe.

Da Trauernde oft keinen Appetit haben, ernähren sie sich in der Zeit der Trauer nicht gut. Sie haben keinen Antrieb zu kochen. So essen sie nichts, selbst wenn sie Hunger haben. Bringen Sie doch mal ein Essen vorbei. Das ist besonders hilfreich, wenn noch Kinder in der Familie versorgt werden müssen. Backen Sie zwei Bleche Pizza, dann reicht es vielleicht sogar für 2 Tage oder der Rest kann eingefroren werden. Auch ein Kuchen oder ein Nachtisch kann ein Lächeln auf das Gesicht der Trauernden zaubern.

Es wäre auch schön, wenn Sie die Geschwisterkinder mal bei den Hausaufgaben betreuen oder sie einfach mal in den Zoo oder zum Spielen einladen, sodass die Trauernden mal Zeit für sich haben. Vielleicht findet sich sogar jemand für ein ganzes Wochenende.

KLEINE GESCHENKE

Ein Brief, eine selbst gebastelte Karte, eine Blume, ein Päckchen. Alles tut gut, was dem anderen zeigt: Du bist nicht allein in deiner Trauer. Ich denke an dich.

WEGE BAHNEN

Vielleicht kann man auch den Kontakt zu jemandem vermitteln, der auch eine Fehlgeburt erlebt hat. Dann kann man fragen: »Du, ich kenne da jemanden, der hat auch ... willst du mal ... hier ist die Telefonnummer ...«

Oder gehen Sie in eine Buchhandlung und schauen Sie mal, ob es Bücher zum Thema Fehlgeburt gibt. Lesen Sie die Bücher an und versuchen Sie herauszufinden, ob das Buch Ihrer Freundin helfen würde.

Suchen Sie die Adresse einer Selbsthilfegruppe heraus und warten Sie auf einen günstigen Augenblick, die Adresse weiterzugeben.

Menschen, die trauern, sind oft überempfindlich und spüren schnell, ob Sie genervt sind und eigentlich keine Zeit für einen Besuch haben oder eigentlich nur Ihre »Pflicht« tun. Deswegen möchte ich Ihnen den Rat geben: entweder ganz oder gar nicht. Wenn Sie nur 5 Minuten zwischen zwei Terminen Zeit haben, dann verschieben Sie lieber den Besuch und schreiben nur eine Karte, sonst fühlt sich der Trauernde nach Ihrem Besuch schlechter als vorher.

10. WODURCH WERDEN BETROFFENE AM MEISTEN VERLETZT?

FEHLENDE TELEFONATE UND BESUCHE

»Warum hat mich im Krankenhaus keiner nach der Fehlgeburt besucht? Weder meine Arbeitskollegen noch meine Sportkameraden aus der Volleyballmannschaft noch Verwandte ließen sich blicken. Ich fühlte mich so allein gelassen. Früher war ich schon öfter im Krankenhaus gewesen. Aber da war es immer anders. Da besuchten mich die Menschen. Es war, als ob ich eine ansteckende Krankheit hätte. Auch das Telefon blieb meistens stumm. Außer meinem Mann und meinen Eltern rief keiner an, und dabei hatte mein Mann die Telefonnummer weitergegeben. Diese Isolation hat mich fast noch mehr verletzt als die Fehlgeburt selbst«, sagt Carolin.

Menschen fühlen sich oft hilflos und überfordert, wenn sie erfahren, dass ein naher Verwandter ein Kind verloren hat. Aus Angst, etwas Unüberlegtes zu sagen oder zu tun, machen sie gar nichts.

Steffi machte folgende Erfahrung: »Nach der Ausschabung wartete ich sehnsüchtig darauf, dass sich meine Schwiegereltern melden würden. Wir hatten ein gutes Verhältnis und ich sehnte mich nach ihrer Stimme und Anteilnahme, doch das Telefon klingelte nicht. Ich wusste, dass mein Mann ihnen gesagt hatte, dass ich als Erste gleich um 8.00

79

Uhr ausgeschabt werden würde. Jetzt war schon 12.00 Uhr und kein Zeichen kam von ihnen. Zuerst war ich enttäuscht, dann traurig und schließlich wütend. Hatte ich als Kranke nicht ein Recht darauf, dass man mich anrief, mich besuchte, mich tröstete? Ich steigerte mich so richtig hinein. Um 16.00 Uhr dachte ich auf einmal: Warum rufst du denn nicht an, wenn es dir so wichtig ist, anstatt dich zu ärgern? Also überwand ich meinen Stolz und wählte ihre Nummer. Sofort war meine Schwiegermutter am Apparat und entwaffnete alle Wut durch folgende Worte: ›Wie gut, Steffi, dass du anrufst. Ich sitze schon den ganzen Tag am Telefon und hab mich nicht getraut anzurufen, da ich nicht wusste, was für dich das Beste ist. Ich lief wie eine Katze um den heißen Brei herum. Immer wieder griff ich zum Telefonhörer, nahm ihn ab und legte ihn wieder auf. Ich wusste nicht, wie lange du brauchst, um die Narkose zu verkraften, ob du vielleicht lieber schlafen wolltest. Ich hatte auch Angst vor deinen Tränen und meinem hilflosen Gestammel. Was sollte ich nur sagen, um dich nicht zu verletzen. Danke, dass du anrufst. Wie geht es dir denn? Kann ich etwas für dich tun? Worüber würdest du dich freuen? Wann kann ich dich besuchen?‹ Was wäre nur daraus geworden, wenn ich nicht den ersten Schritt gegangen wäre?«, fragt sich Steffi nach dem Telefonat und Tränen laufen ihr über die Wangen.

Da Menschen unterschiedlich reagieren, kann man einen Testballon losschicken, um Verletzungen zu vermeiden. Ein kurzer Anruf mit der Frage: »Störe ich, ich wollte nur kurz hören, ob alles o.k. ist. Tut es dir gut, jetzt zu sprechen, oder willst du lieber Ruhe haben?«

Oder man schickt eine Karte mit den Worten: »Ich denke an dich, bin immer für dich da, wenn du jemanden zum Reden brauchst.« Oder man fragt den betroffenen Partner oder die Eltern der Frau.

Als ich meine zweite Fehlgeburt hatte, rief eine Freundin an, die gerade entbunden hatte. Sie sagte: »Ich würde dich gerne besuchen, aber ich könnte nur mit dem Baby kommen. Würde es dich verletzen zu sehen, dass ich ein Baby habe und du nicht? Dann bleibe ich lieber zu Hause und wir sehen uns später? Ich wollte mich aber melden, um dir zu sagen, dass es mir unendlich Leid tut.« Ich habe mich sehr über ihr Einfühlungsvermögen gefreut.

Um ehrlich zu sein, glaube ich, dass die meisten Frauen mit so einem Besuch überfordert wären. Natürlich hängt es sehr von der Frau ab und in welcher Situation sie eine Fehlgeburt hatte.

Es gibt auch Frauen, die erleichtert über eine Fehlgeburt sind, besonders wenn sich das Kind ungeplant mitten im Studium angekündigt hat oder wenn die Kinder sehr schnell aufeinander kommen würden oder wenn es das 4. Kind wäre und die Familienplanung eigentlich schon abgeschlossen war. Wenn man solche Frauen mit einem Baby besucht, ist das kein Problem. Wenn man aber Frauen besuchen will, die sich sehnsüchtig ein Kind wünschen und vielleicht schon ein oder zwei Fehlgeburten hatten, dann kann das neugeborene Baby zusätzliche Wunden aufreißen. Viele Frauen haben nach einer Fehlgeburt mit Eifersucht zu kämpfen, wenn sie andere Schwangere sehen oder Frauen mit einem Kinderwagen. Man sieht übrigens nie so viele Schwangere und Menschen mit Kinderwagen wie in der Zeit nach dem Verlust eines Kindes. Es scheint, als ob sich alles in einem darauf ausrichtet, zu sehen, wer das hat, was ich mir so sehr wünsche und nicht haben kann.

WORTE, DIE NICHT HELFEN, WENN MAN TRAUERN WILL

Es gibt viele Sätze, die gesagt werden, die zwar nicht verletzen, aber auch nicht helfen. Sie gehen am Thema vorbei. Sätze, die man nicht hören will, weil sie nicht erfassen, was man zunächst braucht:

- Du bist ja noch jung.
- Du kannst noch so viele Kinder bekommen.
- Du hast doch schon 2 Kinder.
- Am besten wirst du gleich wieder schwanger.
- Besser so als ein behindertes Kind.

Dann fühlen sich die betroffenen Frauen vertröstet und in ihrer Trauer nicht ernst genommen. Sie wollen um das Kind, das sie gerade verloren haben, trauern dürfen und sich nicht mit dem Gedanken befassen, wie sie am schnellsten einen Ersatz für das Verlorene bekommen. Heute ist heute und morgen ist morgen. Es gibt Zeiten der Trauer und Zeiten der neuen Hoffnung. Und es ist wichtig, die Zeiten der Trauer mit den anderen auszuhalten. Seien Sie deshalb vorsichtig mit billigem Trost. Vielleicht ist sogar jeder einzelne Satz für sich genommen richtig und zu einem späteren Zeitpunkt ausgesprochen tröstend, aber zur Zeit des Verlustes wehren sich viele Betroffene gegen solche Sätze.

»Natürlich will ich kein behindertes Kind, aber wer sagt mir denn, dass das gestorbene Kind wirklich behindert war?«, sagte Melanie ihrer Mutter.
Dawn Waltman schreibt in ihrem Buch »In a heartbeat« darüber, wie sehr sie solche Bemerkungen verletzt haben: »Versteht ihr denn gar nichts? Das war kein Gerät, das nicht richtig funktionierte und das ich umtauschen kann. Das war ein Baby – mein Baby. Und jetzt ist mein Baby tot.«

Was man auch überhaupt nicht hören will, ist, dass der eigene Verlust klein geredet wird. Manche Frauen müssen sich dann anhören, dass es andere viel schlimmer erlebt haben.

Sonja erzählt mir: »Als ich im Krankenhaus lag, kam eine Arbeitskollegin und sagte: ›Meine Schwester hatte 3 Fehlgeburten. Aber das Schlimmste, was ich je gehört habe, ist, dass eine Frau, die ich im Urlaub traf, 3 Totgeburten hatte.‹«

Es gibt immer Menschen, denen noch schlimmere Dinge wider-
fahren als dem Menschen, den wir gerade besuchen. Aber das
hilft nichts, weil ich das in meiner Situation nicht hören will. Es
gibt mir das Gefühl, dass ich mich nur wegen einer Kleinigkeit
gräme. Wenn der Besuch dann weg ist, fühle ich mich schlecht,
nicht ernst genommen und frage mich: »Warum hat sie mir das
erzählt?«

Auch Sätze wie: »Fehlgeburten sind normal« oder »Fehlgeburten sind keine Krankheit, das gehört zum Leben dazu« sind
zwar rein medizinisch gesehen richtig, helfen aber nicht in der
Trauerbewältigung. Ich will in meiner Trauer nicht mit Statistik
konfrontiert werden. Auch wenn es viele andere erleiden müssen, tut es mir trotzdem nicht weniger weh. Vielleicht würde ich
vom Mediziner solche Sätze noch annehmen, da er eine aufklä-
rende Rolle in meinem Leben spielt, aber wenn es eine Freundin
zu mir sagt, dann fühle ich mich nicht ernst genommen.

VERLETZENDE WORTE UND SÄTZE

Neben den oben aufgeführten Sätzen, die man sich als Betroffe-
ner vielleicht zu einem späteren Zeitpunkt auch sagt, um sich zu
trösten und die nicht unbedingt verletzen, sondern nur zum fal-
schen Zeitpunkt ausgesprochen werden, gibt es Sätze und Worte, die sehr tief verletzen können.

Am schlimmsten ist, wenn den werdenden Eltern unterstellt
wird, dass sie das Kind doch gar nicht wollten.

*Als ich meiner Freundin mitteilte, dass unser Kind gestor-
ben ist, sagte sie: »Hast du denn das Kind überhaupt gewollt?« Ich war so sprachlos, dass ich sofort den Hörer
auflegte. Hinterher war ich wie gelähmt. Ich konnte nicht
glauben, was ich gerade gehört hatte.*

*Ich teilte einer Bekannten, die weiter weg wohnt und
die ich nur einmal im Jahr sehe, mit, dass ich im letzten
Jahr schwanger war. Wir freuten uns auf unser 5. Kind,*

doch leider starb es in der 12. Schwangerschaftswoche. Sie war etwas sprachlos am anderen Ende und sagte dann: »Ehrlich gesagt, bin ich geschockt, dass du schon wieder schwanger warst.«

Ich denke, dass es das gute Recht von Freunden und Bekannten ist, geschockt zu sein, doch dann rate ich Ihnen, es besser für sich zu behalten. Auch Sätze wie: »Wisst ihr denn nicht, wie man verhütet?« oder: »Fehlgeburt ist keine moderne Möglichkeit der Empfängnisregelung« sollte man besser nicht aussprechen.

Manche Menschen sagen auch: »Melde dich wieder, wenn es dir wieder besser geht.« Oder: »Kinder kosten so viel Geld, sind immer wieder krank und sehr anstrengend, seid froh, dass ihr euer Leben jetzt wieder nur zu zweit genießen könnt. Fahrt doch erst mal in Urlaub.«

Sehr verletzend können auch die Aussagen sein:
• Es war doch noch gar kein richtiges Kind.
• Es war doch nur ein Zellhaufen.
• Wie kannst du denn schon an dem Kind hängen, wenn du es noch gar nicht auf dem Arm gehabt hast?

Diese Aussagen hängen eng mit unserem Verständnis zusammen, wann das Leben beginnt.

Zu uns kommen oft junge Familien zu Besuch. Ich höre dann schon mal: »Wir kommen mit 2½ Personen.« Ich wehre mich dann meistens dagegen und sage: »Nein, ihr kommt mit 3 Personen.« Für mich beginnt ein Mensch mit der Verschmelzung von Samenzelle und Eizelle und er ist von der ersten Sekunde an ein ganzer Mensch. Sonst würde ich ja logischerweise auch im Alter wieder sagen, dass es nur noch ein halber Mensch oder ein Viertel Mensch sei. Egal, wie alt man ist, ob im Mutterleib oder schon außerhalb – man ist ein ganzer Mensch, gleich wertvoll. Deshalb ist auch jedes Kind, das fehlgeboren wird – egal ob es wenige Minuten alt war, wenige Wochen oder Monate –, ein ganzer Mensch. Bitte sagen Sie keiner Mutter, dass ihr Kind nur eine Ansammlung von Zellen war!

11.

EINBLICKE IN DIE GEFÜHLSWELT DER BETROFFENEN FRAU – SPEZIELL FÜR ÄRZTE

Wenn Frauen schwanger werden, erwarten sie im Allgemeinen auch, dass das Kind gesund auf die Welt kommen wird. Das scheint das Normale. Die Wenigsten wissen, dass jede zweite bis dritte Schwangerschaft als Fehlgeburt endet.

Erst in den letzten Jahren wird mehr über Fehlgeburten gesprochen. Früher wurden Fehlgeburten oft verheimlicht.

Eine junge Frau liegt mit Fehlgeburt in der 12. Woche im Krankenhaus und wird von ihrer Mutter besucht. »Mama, du hast es gut gehabt, 3 gesunde Kinder.« Daraufhin erzählt die Mutter: »Bevor du geboren wurdest, hatte ich auch eine Fehlgeburt.« »Ja, aber warum weiß ich denn nichts davon?«, fragt die Tochter. »Früher hat man darüber nicht gesprochen. Selbst dein Vater weiß es bis heute nicht.«

HABEN SIE EINE DOPPELTE PORTION AN GEDULD

Eine Frau, die mit Blutungen in der Schwangerschaft zum Arzt geht, wünscht sich auf der einen Seite Annahme und Verständnis für ihre Situation, zum anderen auch eine Erklärung für das Unfassbare, das sie getroffen hat.

Sie möchte an die Hand genommen werden. Sie hat das Gefühl, allein nicht mehr gehen zu können, keine guten Entscheidungen treffen zu können und braucht den fachmännischen Rat des Mediziners.

Sie fühlt sich verunsichert, in einem Ausnahmezustand. Wenn man unter einer Art Schock ist, kann man nicht richtig zuhören und verstehen. Außerdem haben viele Angst vor dem, was passieren wird.

Aus eigener Erfahrung kann ich sagen, dass man als Patient – egal wie gebildet – immer nur Bruchteile von dem versteht, was der Arzt sagt.

Das hat verschiedene Gründe:
- Man steht wegen der Ausnahmesituation unter Schock.
- Die Gedanken und Gefühle laufen wie von allein weiter, schweifen immer wieder ab.
- Man kann sich nicht mehr gut konzentrieren auf das, was gesagt ist.
- Man versteht die Sprache des Arztes nur teilweise.
- Vielleicht weigert man sich im Inneren unbewusst das anzunehmen, was man nicht hören will.
- Der Arzt hat eine große Autorität und man will nicht zugeben, dass man etwas nicht verstanden hat.
- In der Gegenwart eines Arztes fällt einem oft nichts mehr ein von dem, was man vorher fragen wollte.

Gerade Menschen, die ihr Kind verlieren oder verloren haben, brauchen ganz viel Geduld und Verständnis.

Sie als Ärzte haben einen wichtigen Schlüssel in der Hand, ob Frauen Fehlgeburten gut verarbeiten oder in schlechter Erinnerung behalten, was auch Auswirkungen darauf haben kann, ob sie erneut den Mut finden, schwanger zu werden.

SAGEN SIE, WAS SIE VORHABEN UND WAS SIE UNTERSUCHEN WERDEN

So brauchen viele Frauen Ärzte, die sich etwas mehr Zeit für sie nehmen, langsam sprechen, fragen, ob sie alles verstanden haben. Wenn in liebevollem Ton alles, was geschieht, langsam erklärt wird, fühlt man sich geborgen. Wichtige Anordnungen werden am besten zwei- oder dreimal wiederholt, das gibt eine gewisse Sicherheit.

»Frau Müller, bitte legen Sie sich jetzt auf den Untersuchungsstuhl. Ich werde jetzt erst mit dem Ultraschallgerät untersuchen. Erschrecken Sie nicht, es könnte etwas kalt sein ... Sie brauchen keine Angst zu haben, das ist für das Kind nicht gefährlich.«

Bitte geben Sie so viel Sicherheit wie möglich. Erklären Sie der Frau, was Sie auf dem Ultraschallbild sehen, z. B.: »Schauen Sie, das Herz schlägt noch« oder »das Herz hat aufgehört zu schlagen«. Zeigen Sie Mitleid.

Eine 37-Jährige erleidet ihre dritte Fehlgeburt. Als der Arzt auf dem Ultraschallbild sieht, dass das Herz des 10 Wochen alten Kindes nicht mehr schlägt, sagt er: »Es tut mir so Leid für Sie, so unendlich Leid. Ich verstehe es nicht. Es war alles immer normal.« Er wurde richtig weiß im Gesicht. Diese Anteilnahme hat der Frau sehr gut getan.

Am schwierigsten ist für viele Frauen die Zeit der Ungewissheit. Wird das Kind weiterleben oder wird es sterben?
Sagen Sie bitte, was Sie vorhaben und was Sie untersuchen werden.

»Frau Wagner, ich werde Sie jetzt in die Klinik einweisen. Das Kind lebt, aber da Sie Blutungen haben, möchte ich aus Vorsicht, dass Sie jetzt strikte Bettruhe einhalten. Es wird jeden 2. Tag eine Ultraschalluntersuchung gemacht werden. Außerdem bestimmen wir die Hormone im Blut. Wenn der Wert soundso hoch ist, brauchen wir uns keine Sorgen machen. Am besten rufen Sie Ihren Mann an, damit er Sie in die Klinik bringt. Vielleicht kann er vorher noch ein paar Sachen für die Klinik packen.«

HELFEN SIE DER FRAU
MIT SCHULDGEFÜHLEN UMZUGEHEN

Wenn eine Fehlgeburt eingetreten ist, werden manche Frauen von Schuldgefühlen gequält.

Jeder Mensch hat das Bedürfnis, die Ursache für Krankheit oder Leid, das uns trifft, herauszufinden. Zum einen sucht man den Schuldigen, zum anderen möchte man in einer ähnlichen Situation anders handeln können. Bitte zeigen Sie Wege auf, was man untersuchen kann und helfen Sie, Schuldgefühle, die nicht begründet sind, abzubauen.

Vor einigen Jahren gab es eine Briefkastenaktion gegen Abtreibung. In jedem Briefkasten lag ein Plastikpüppchen, das einen 12 Wochen alten Embryo darstellte. Wenige Tage später bekam ich Besuch. Als meine Bekannte zufällig diesen Embryo auf meinem Schreibtisch sah, nahm sie das Kind in ihre Hand und fing bitterlich an zu weinen. Ich nahm sie in den Arm und fragte, was mit ihr sei. Daraufhin sagte sie: »Ich war in der 12. Woche schwanger und ging routinemäßig zum Frauenarzt. Irgendetwas schien mit der Schwangerschaft nicht in Ordnung zu sein. Der Arzt hat mich ins Krankenhaus eingewiesen. Es ging dann alles so schnell. Ich hatte keine Blutungen. Bevor ich begriffen habe, was mit mir passiert, war ich schon im Operationssaal und es wurde eine Ausschabung vorgenommen. Seitdem quäle ich mich mit dem Gedanken, ob das Kind überhaupt tot war.«

Zum einen verdeutlicht dieser Bericht, dass Frauen wirklich Zeit brauchen zu begreifen, was in ihnen vorgeht. Zum anderen ist es wichtig, über Schuldgefühle immer wieder sprechen zu dürfen. Es hätte ihr bestimmt geholfen, wenn der Arzt ihr erklärt hätte: »Schauen Sie, ich kann keine Herztöne mehr feststellen. Ihr Kind ist leider gestorben.«

VERMEIDEN SIE VERLETZENDE KOMMENTARE

Leider geschieht es immer wieder, dass Frauen, die eine Fehlgeburt erleiden, sich von Ärzten nicht ernst genommen oder sich sogar verletzt fühlen.

> *Eine 35-Jährige, die zum ersten Mal schwanger ist, berichtet: »Ich war wegen Blutungen ins Krankenhaus eingeliefert worden. Jetzt lag ich auf dem Untersuchungsstuhl. Der Chefarzt begann wortlos seine Untersuchung. Plötzlich holte er ein großes Gewebeteil heraus und warf es in ein Gefäß. Völlig entsetzt und ungläubig fragte ich ihn: ›War das etwa mein Kind?‹ – ›Was heißt hier Kind?‹, war seine ungeduldige und gereizte Antwort, ›in diesem Stadium kann man noch nicht von Kind sprechen. Das ist höchstens ein Zellgewebe ...‹ Ich hätte am liebsten laut aufgeschrien, aber ich blieb still.«*

> *Eine 42-jährige Frau, die 3 Kinder geboren hatte, wurde nach 4 Fehlgeburten erneut wegen Blutungen in der Schwangerschaft ins Krankenhaus eingeliefert. Eine Assistenzärztin untersuchte sie per Ultraschall. Als sie den Tod des Kindes feststellte, meinte die Ärztin: »Denken Sie nicht, dass es andere Möglichkeiten der Empfängnisregelung gibt als Fehlgeburten? Wir bereiten Sie auf die Ausschabung vor. Wollen Sie sich gleich mit sterilisieren lassen?«*

> *Eine 30-Jährige erlebte bei der 3. Schwangerschaft eine Fehlgeburt und wurde von dem Arzt gefragt: »Wollten Sie das Kind überhaupt? Oder war es ein Unfall?«*

Solche Fragen und Kommentare können tiefe Verletzungen verursachen. Oft ist man aber zu dem Zeitpunkt nicht in der Lage, sich zu wehren und so schluckt man die Verletzungen einfach hinunter.

In Kapitel 10 bin ich ausführlich auf viele Sätze, die verletzen können, eingegangen.

Es kann sein, dass der gleiche Satz, z. B. »*Jede zweite bis dritte Frau erleidet eine Fehlgeburt*« Tränen auslöst, wenn er von der Mutter ausgesprochen wird, aber nicht verletzt, wenn er vom Arzt gesagt wird. Von der Mutter erwartet man Anteilnahme, Trost und möchte keine Erklärung des Geschehenen. Man möchte leiden dürfen. Egal, ob etwas häufig auftritt oder nicht, trifft mich der Verlust des Kindes gleich stark.

Vom Arzt erwarte ich aber Aufklärung und Informationen. Ich möchte wissen, ob das, was ich erlebe, etwas Häufiges und damit »Normales« ist, etwas, das viele erleben. Dieser Satz kann sogar tröstend verstanden werden als etwas, womit der Arzt oft umgeht und damit eine gewisse Routine und Kompetenz hat.

Auch der Satz »Sie sind noch jung«, drückt vom Arzt gesagt aus: »Ich schaue schon mal für Sie in die Zukunft. Auch wenn Sie jetzt denken, es gibt kein Leben mehr in Freude. Ich weiß es besser. Ich habe schon so viele Frauen durch diese Täler der Fehlgeburt begleitet. Aber ich weiß, Sie sind jung und stark genug und ich weiß, dass Sie noch viele Chancen haben, Kindern das Leben zu schenken.«

Manchmal verletzt der gleiche Satz direkt nachdem man von der Fehlgeburt erfahren hat, aber ein paar Tage oder Wochen später tröstet er. Dann sagt man sich selbst den Satz, der mich vorher verletzt hat. »Ich bin noch jung, ich habe gute Chancen, dass das nächste Kind gesund auf die Welt kommt.«

Wie wohltuend, wenn man Ärzte hat, die ermutigen, die mitfühlen und sich in die Patienten auch hineinversetzen können. Ermutigen kann auch bedeuten, jemandem zu helfen wieder Boden unter den Füßen zu bekommen, wenn die Patientin im Trauerprozess stecken geblieben ist.

12. WÜNSCHE AN ARZTHELFERINNEN, SCHWESTERN UND PFLEGER

Während man von Ärzten in erster Linie fachliche Kompetenz und konsequentes Handeln erwartet und eine Aufklärung, warum es zur Fehlgeburt kam, und man auch in gewisser Weise ihnen zugesteht, dass sie wenig Zeit haben, wünscht man sich vom Pflegepersonal Anteilnahme und Zeit, das, was der Arzt gesagt hat, noch mal in verständlichem Deutsch zu hören.

ZEIGEN SIE ANTEILNAHME

Wenn Frauen mit drohender Fehlgeburt in Ihre Praxis oder Klinik kommen, sind sie meistens sehr verunsichert und voller Angst. Den meisten Menschen tut es gut, wenn sich jemand liebevoll um sie kümmert. Oft sitzt man längere Zeit allein im Untersuchungszimmer, zwischendurch kommt mal jemand hastig herein und geht wieder hinaus. Jedes Mal zuckt man zusammen. Wenn es sich einrichten lässt, wäre es schön, wenn Sie sich zumindest im gleichen Raum aufhalten könnten. Vielleicht entwickelt sich während des Wartens auf den Arzt ein Gespräch, manchmal tut einfach schon die Anwesenheit eines anderen Menschen gut, auch wenn Sie dann medizinische Geräte säubern oder Wattestäbchen auffüllen.

Seien Sie gesprächsbereit, wenn das Ergebnis feststeht, dass die Frau in die Klinik muss. Manchmal ist auch eine tröstende Berührung angebracht, besonders wenn Sie die Frau schon länger kennen. Erklären Sie noch mal in Ruhe das, was der Arzt gesagt hat. Fragen Sie nach, ob die Patientin alles verstanden hat. Vielleicht können Sie auch anbieten, ob die Frau ihren Mann oder ein Taxi rufen möchte. Fragen Sie, ob sie sich in der Lage fühlt, allein nach Hause zu fahren oder ob Sie noch irgendetwas für sie tun können. Solche Liebesdienste sind Balsam für die Seele. Manchmal löst die Frage: »Wie geht es Ihnen?« oder »Wie geht es Ihnen jetzt nach der Nachricht?« einen Wasserfall von ausgesprochenen Gedanken und Empfindungen aus. Überlegen Sie sich vorher, ob Sie die Zeit haben, die Antwort anzuhören. Es verletzt und man ist zu der Zeit des Verlustes sehr empfindlich, wenn man spürt, dass das Gegenüber in Gedanken schon beim nächsten Patient ist.

Wenn Sie im Krankenhaus arbeiten, könnten Sie sich auch erkundigen, ob die Patientin gerne mit einem Krankenhausseelsorger sprechen möchte oder Sie vermitteln den Dienst einer ehrenamtlich tätigen Frau.

Es gibt so viele Kleinigkeiten, die diese Zeit erträglicher machen. Rechnen Sie damit, dass die betroffene Frau im Ausnahmezustand ist. Ärgern Sie sich nicht darüber, dass sie etwas vergisst oder den Tisch nicht abräumt oder häufig klingelt. Sie braucht jetzt eine Extraportion Zuneigung. Vielleicht hilft Ihnen auch zu wissen, dass Angehörige in dieser Situation oft nicht helfen können, weil jeder allein erst mal mit dem Verlust fertig werden muss, allein leidet – oft unterschiedlich und zeitversetzt – und dadurch jeder auf sich fixiert ist und nicht die Kraft hat, auf die Bedürfnisse des anderen einzugehen. Oder der Partner kann nicht mitleiden, was auch nicht einfacher ist.

VERMEIDEN SIE KOMMENTARE, DIE VERLETZEN

Der Ton macht die Musik, sagt der Volksmund. Viele scheinbar tröstend gemeinten Sätze verletzen, weil sie in lieblosem Ton gesagt sind. Frauen, die gerade ein Kind verloren haben, sind da sehr allergisch. Vielleicht haben Sie den Mut, Arbeitskollegen mal zu fragen, ob sie einen liebevollen Ton haben.

Es gibt viele Sätze, die zwar richtig sind, aber je nach Patientin in solch einer Situation verletzen könnten. Z. B.:

- Sie haben ja schon 2 Kinder, seien Sie dafür dankbar.
- Sie sind ja noch so jung, Sie werden noch viele Kinder bekommen.
- Sie haben doch schon einen Jungen und ein Mädchen.

Eine Frau möchte um ihr Kind, das sie gerade verloren hat, trauern dürfen und nicht mit »Ersatzkindern« getröstet werden.

Ich möchte versuchen, es anhand der Kindererziehung zu erklären.

Ein Sohn kommt mit schlechter Laune nach Hause. Er knallt die Tür, schmeißt den Schulranzen in die Ecke und geht ohne ein Wort zu sagen auf sein Zimmer. Die Mutter kennt ihren Sohn und denkt: Es muss etwas Furchtbares passiert sein, wenn er sich so benimmt. Sie geht zu seinem Zimmer, klopft und fragt, ob sie reinkommen darf. Er liegt auf dem Bett und weint bitterlich. »Mama, ich habe eine 5 in Englisch geschrieben.«

Glauben Sie, dass es ein guter Trost der Mutter wäre zu sagen: »Ich weiß gar nicht, warum du weinst, du hast doch schon zwei Dreien nach Hause gebracht«?

Ich würde in so einem Fall lieber hören: »Das kann ich gut verstehen, dass du enttäuscht und traurig bist. Zeig mal deine Arbeit. Erzähl mal, wie das kam.« Im weiteren Verlauf kann man dann sagen. »Ich glaube, dass du wieder eine 3 schreiben kannst.«

Als wir Kinder waren, wurden wir oft abgelenkt, wenn wir uns wehgetan haben. Ein Kind fällt hin, weint und sofort, ohne nachzuschauen, sagt schon irgerdein Erwachsener: »Das war doch gar nicht schlimm. Schau mal das Fähnchen, wie es sich im Wind dreht.« Beim Kind funktioniert das noch, obwohl ich mir auch für Kinder wünschen würde, dass der Schmerz erst mal ernst genommen wird. Aber Erwachsene fühlen sich oft in ihrem Leid unverstanden, wenn sie vertröstet werden auf andere Kinder oder auf die Zukunft. Alles hat seine Zeit, auch die Trauer. Bitte halten Sie den Schmerz der Patientin aus. Lassen Sie sie in Ihrer Gegenwart weinen, klagen, verarbeiten, denn zu Hause haben sie oft keinen Ansprechpartner.

Um nicht falsch verstanden zu werden, möchte ich noch ergänzen: Wenn die Patientin Sie dann fragt: »Schwester, glauben Sie denn, dass ich noch Kinder bekommen kann?« Dann tröstet natürlich der Satz: »Na klar, Sie sind doch noch so jung.«

Unterstellen Sie der Frau bitte nicht, das Kind nicht gewollt zu haben.

Immer wieder werden die Frauen gefragt: Wollten Sie das Kind überhaupt? Besonders wenn die Frau unverheiratet oder noch sehr jung ist oder es das dritte oder vierte Kind wäre. Auch wenn es Sie interessiert, fragen Sie nicht danach. Es verletzt immer, auch wenn es stimmt, dass die Frau das Kind nicht wollte. Viele Frauen haben Schuldgefühle, dass sie den Tod des Kindes vielleicht durch ihre Ablehnung verursacht haben und dann würden Sie genau in ein Wespennest stechen.

In diesen Ausnahmesituationen des Lebens, in denen man so oft allein ist und sich verlassen fühlt, können Menschen mit Mitgefühl und der Gabe zu dienen wie Engel sein.

13. WIE HAT MICH DAS ERLEBEN EINER FEHLGEBURT GEPRÄGT?

KINDER SIND EIN GESCHENK

In unserer Gesellschaft wachsen wir mit dem Gefühl auf, dass alles machbar ist. Da wir medizinisch so einen hohen Standard erreicht haben, denken wir, dass es für alles eine Lösung gibt. In den Zeitungen lesen wir von Prominenten, die sich vor der Krebsoperation Samenzellen entnehmen und mehrere Jahre einfrieren lassen, um sie dann ihrer Partnerin bei Kinderwunsch einspritzen zu lassen. Die Reproduktionsmedizin ist nicht mehr wegzudenken und schenkt vielen kinderlosen Paaren ihr Wunschkind. So verliert man schon mal das Gefühl, dass Kinder nicht auf Bestellung abgeholt werden können und dass sie auch heute noch eine Geschenk sind.

Hätte ich die Fehlgeburt nicht gehabt, hätte ich meine Kinder als selbstverständlich hingenommen. Heute sind sie mir doppelt wertvoll. Ich betrachte sie als kostbares Geschenk, da ich mich zweimal auf sie gefreut habe.

LEID GEHÖRT ZUM LEBEN – LEIDERFAHRUNG HILFT MIR, ANDERE ZU TRÖSTEN

Der Mensch lernt durch drei Dinge in seinem Leben:
- Liebe,
- Arbeit,
- Leid.

Und es gibt Erfahrungen, die kann ich nur im Leid machen.

Mittlerweile ist die letzte Fehlgeburt 5 Jahre her. Ich erlebe immer wieder, dass ich betroffenen Frauen helfen kann, weil ich durch meine eigenen Erfahrungen verstehe, was in ihnen vorgeht.

Monika schreibt: »Die Frage des Warums der damaligen Fehlgeburten kann ich für mich so beantworten: Diese Zeit hat mich ein Stück geprägt. Ich sehe, dass Leiden in unser Leben gehört. Die Frage nach dem Sterben eines Menschen hat eine neue Dimension für mich bekommen. Ich möchte sagen, dass ich jetzt am Leid anderer teilnehmen kann, dass ich mit ihnen mitzufühlen vermag, dass ich auch mal ein Trostwort finde. Ich denke, es ist eine Gnade Gottes, über schwerem Geschehen nicht bitter zu werden, sondern Vertrauen und Dank zu lernen.«

AUCH OHNE EIGENE KINDER GIBT ES ERFÜLLTES LEBEN

Direkt nach der Fehlgeburt war es für mich und meinen Mann unmöglich sonntags spazieren zu gehen und überall mit Kinderwagen konfrontiert zu werden. Wir konnten den eigenen Schmerz kaum ertragen und waren neidisch auf die glücklichen Eltern, die ihr Glück auch noch so zur Schau stellten. So zogen wir uns zurück. Erst im Laufe des Lebens akzeptierten wir, dass wir auch als kinderloses Paar ein sinnerfülltes Leben leben können. Wir wurden dankbar über unsere tiefe Partnerschaft und sind vielen Nichten, Neffen und Nachbarskindern Ersatzeltern geworden.

In der Bibel gibt es die Geschichte von einem Ehepaar, bei dem die Frau jahrelang keine Kinder bekommt. Ich bin immer wieder berührt, wie liebevoll der Mann mit seiner Frau umgeht (1. Samuel 1,8):

Als Hanna keine Kinder bekam, sagte ihr Mann Elkana zu ihr: »Hanna, warum weinst du und warum isst du nichts? Und warum ist dein Herz so traurig? Bin ich dir nicht mehr wert als zehn Söhne?«

Es ist wichtig, sich bei allem Leid Dankbarkeit zu bewahren für all das Gute, das man trotzdem hat, und nicht daran zu verzweifeln, was man nicht hat.

Jahrelang hing eine Karte über meinem Schreibtisch: Ich weinte, weil ich keine Schuhe hatte bis ich jemanden traf, der keine Füße hatte.

Manche Ehepaare berichten, dass sie über der Sehnsucht nach einem Kind fast ihre Ehe aufs Spiel gesetzt hätten. Auch in unserer Gesellschaft ist nicht alles machbar. Es ist wichtig, akzeptieren zu lernen, wenn man keine eigenen Kinder bekommen kann. Oft kann man dann erst erleben, dass es erfülltes Leben auch ohne eigene Kinder gibt.

14. WAS SAGT DIE BIBEL ZUM THEMA FEHLGEBURTEN?

WIE KANN GOTT FEHLGEBURTEN ZULASSEN?

➤ Gott gibt gerne Leben

Wenn wir die Geschichte der Menschheit betrachten, wie sie uns in der Bibel überliefert ist, erfahren wir, dass es zu Beginn ein Paradies gegeben haben muss. Nachdem Gott die ersten Menschen Adam und Eva erschaffen hat, segnete er sie und sagte zu ihnen: *»Seid fruchtbar und mehret euch und füllet die Erde«* (1. Mose 1,28). Gott schafft das Leben und in Psalm 139,13 bedankt sich der Psalmist mit den Worten: *»Du hast alles in mir geschaffen und hast mich im Leib meiner Mutter geformt.«*

➤ Leid gehört zur von Gott getrennten Schöpfung

Leider mussten die Menschen das Paradies verlassen, da sie Gott ungehorsam geworden waren. Als Strafe sagt Gott zur Frau in 1. Mose 3,16: *»Ich will dir viel Mühsal schaffen, wenn du schwanger wirst; unter Mühen sollst du Kinder gebären.«* Mich hat dieser Vers immer sehr beschäftigt und ich bin davon überzeugt, dass es ohne den Sündenfall keine Fehlgeburten gegeben hätte – genauso wenig wie Krankheiten, Kriege, Streit und alles andere Leid.

➤ Gott leidet mit und tröstet

In Jesaja 49,15-16 steht: *»Bringt eine Mutter es fertig, ihren Säugling zu vergessen? Hat sie nicht Mitleid mit dem*

Kind, das sie in ihrem Leib getragen hat? Und selbst, wenn sie es vergessen könnte, ich vergesse es nicht und ich vergesse euch nicht! Denn siehe, ich habe dich unauslöschlich in meine Hände eingezeichnet« (Gute Nachricht).

Jesaja 25,8: *»Er wird den Tod verschlingen auf ewig. Und Gott der Herr wird die Tränen von allen Angesichtern abwischen ...«*

WARUM GERADE ICH, OH GOTT?

In 2. Mose 23,26 lesen wir, dass Gott seinem Volk verheißt, es zu segnen, wenn es sich an seine Gebote hält. Im Segen eingeschlossen wäre das Versprechen, dass es keine Krankheiten, keine Fehlgeburten und keine Unfruchtbarkeit mehr geben würde: *»Aber dem Herrn, eurem Gott, sollt ihr dienen, so wird er dein Brot und dein Wasser segnen, und ich will alle Krankheiten von dir wenden. Es soll keine Frau in dem Lande eine Fehlgeburt haben oder unfruchtbar sein ...«*

In 1. Mose 31,38 wird geschrieben, dass Jakob besonders unter Gottes Schutz und Segen steht und sich das darin äußert, dass seine Herden keine Fehlgeburten erleiden mussten. Er sagte zu seinem Schwiegervater: *»Diese zwanzig Jahre bin ich bei dir gewesen, deine Schafe und Ziegen haben keine Fehlgeburt gehabt.«*

➤ Leid ist nicht Strafe Gottes für den Einzelnen

Nun mag sich der eine oder andere fragen: Warum werde ich von Gott nicht gesegnet? Die Frage kann oft nicht beantwortet werden. Auf gar keinen Fall dürfen wir sagen: »Frau Müller hat eine Fehlgeburt, sie muss wohl im Ungehorsam leben.« Im Neuen Testament wird Jesus gefragt, ob die Eltern oder das Kind selbst daran schuld sind, dass ein Mensch blind geboren sei. Jesus antwortet: *»Es lag nicht an seinen Sünden oder den Sünden seiner Eltern«* (Johannes 9,3).

Leid gehört mit zu unserem Leben. Auch wenn wir immer wieder nach dem Warum fragen, werden wir nur in den seltensten Fällen eine eindeutige Antwort bekommen. Es ist wichtig, dass wir uns und die Menschen, die Fehlgeburten durchleben müssen, nicht noch verletzen, indem wir ihnen sagen, dass die Fehlgeburt bestimmt Gottes Strafe sei.

In Matthäus 5,45 steht: »Denn er lässt die Sonne für Böse und Gute aufgehen und sendet Regen für die Gerechten wie für die Ungerechten.«

Es gibt Geschichten, in denen Menschen davon berichten, dass sie den Schlüssel für Fehlgeburten in ihrer Kindheit fanden. Manche sprechen dann von selbst auferlegten Schwüren, die ähnlich wie psychosomatische Krankheiten, in denen unsere Psyche unseren Körper krank macht, Auswirkungen auf unseren Körper und die Empfängnisbereitschaft haben könnten. Nur der Vollständigkeit halber möchte ich sie erwähnen, da es bestimmt die Ausnahme ist.

Eine junge Frau hatte Töchter, aber scheinbar starben die Söhne immer im Mutterleib. Im Gespräch mit einer Seelsorgerin wurde ihr klar, dass sie unter ihrem Vater und ihren beiden Brüdern in der Kindheit so sehr gelitten hatte, dass sie einen Schwur immer wiederholte. Sie erinnerte sich daran, dass sie an einem Fluss entlangging und mit Wucht immer wieder Steine ins Wasser warf mit den Worten: »Nie werde ich Söhnen das Leben schenken.« Im Gebet vergab sie ihrem Vater und den Brüdern und bat Jesus um Vergebung für diese Schwüre und sie sagte, dass sie gerne Söhnen das Leben schenken wolle. Ein Jahr später wurde sie Mutter eines gesunden Jungen.

WO SIND FEHLGEBORENE KINDER?

Immer wieder beschäftigen sich Eltern von fehlgeborenen Kindern mit der Frage: »Wo ist mein Kind jetzt?« In zwei Bibelstellen habe ich gefunden, dass sie an einem Ort sind, wo Frieden ist.

Im Buch Prediger werden wir zunächst gefragt, wie zufrieden wir mit dem sind, was wir haben. Es gibt Menschen, die haben alles und sind in ihrem Herzen doch unzufrieden. Das Wichtigste im Leben ist Frieden mit sich, dem Mitmenschen und Gott zu bekommen. Fehlgeborene Kinder haben diesen Frieden, diese Ruhe.

> Prediger 6,3: »*Wenn einer auch hundert Kinder zeugte und hätte ein so langes Leben, dass er sehr alt würde, aber er genösse das Gute nicht und bliebe ohne Grab, von dem sage ich: Eine Fehlgeburt hat es besser als er. Denn sie kommt ohne Leben und in Finsternis fährt sie dahin und ihr Name bleibt von Finsternis bedeckt, auch hat sie die Sonne nicht gesehen noch gekannt, so hat sie mehr Ruhe als jener.*«

Auch im Buch Hiob finden wir Hinweise darauf, dass fehlgeborene Kinder da sind, wo Frieden, Freiheit und Gleichheit ist. Nachdem Hiob seinen Besitz sowie seine ganze Familie verloren hat, wird er auch noch schwer krank. In seiner Anklage an Gott verflucht er den Tag, an dem er geboren wurde und wünscht sich wie eine Fehlgeburt das Licht der Welt nie gesehen zu haben. Denn als fehlgeborenes Kind würde er Frieden haben und in einem Land sein, wo es keine Unterschiede zwischen Groß und Klein gäbe und man in Frieden und Freiheit leben würde.

> Hiob 3,16-19: »*... wie eine Fehlgeburt, die man verscharrt hat, hätte ich nie gelebt. Wie Kinder, die das Licht nicht gesehen haben. ... Da haben die Gefangenen allesamt Frieden ... da sind Klein und Groß gleich.*«

Wenn wir von unserem Schmerz, das Kind nicht austragen zu dürfen, es nicht im Arm halten zu können, es nie auf Erden lieben zu dürfen, wegschauen können, und nur darüber nachsinnen, wie es dem Kind jetzt geht, finden wir Trost in dem Vertrauen, dass es dem Kind gut geht.

> *Als mein Vater starb, der sehr krank war und zuletzt sehr unter Schmerzen und Atemnot leiden musste, sagte mein Onkel zu mir: »Trauer ist etwas sehr Egoistisches. Trauer fragt nur nach dem eigenen Schmerz, nicht danach, was für den anderen am besten ist. Du bist traurig, weil du deinen Vater nicht hergeben willst. Das ist verständlich. Aber löse dich mal einen kleinen Augenblick von dir und versetze dich in die Lage deines Vaters und frage dich, was er sich wünschen würde.« Ja, das war eindeutig. Das hatte er mir am Sterbebett gesagt: »Ich will sterben. Bitte lass mich gehen.«*

Nun können uns unsere Kinder nicht sagen, ob sie auch gerne gestorben sind, aber ich bin sicher, dass es im Himmel bei Gott sehr gut ist.

GIBT ES TROST BEI GOTT?

➤ Klagen ist erlaubt

> *»Warum gerade ich, oh Gott? Wenn Gott durch und durch gut ist, warum lässt er uns dann leiden? Wie konnte Gott mir das antun? War das die Belohnung für meine Hingabe an ihn? War es die Strafe für meine Sünde in meiner Vergangenheit? Konnte ich vertrauen, dass Gott mir noch ein Kind geben würde?«, klagte Dominique.*

Fragen über Fragen. Ich glaube, dass wir uns alle gut in diese Mutter hineinversetzen können.

»Einem Gott, der erst Kinder entstehen lässt und sie dann wieder nimmt, will ich nicht dienen«, schluchzte ein junges Mädchen, nachdem ihre Mutter wieder eine Fehlgeburt hatte.

In den Klageliedern, den Psalmen und anderen Passagen in der Bibel finde ich immer wieder Menschen, die ehrlich ihre Verzweiflung und Klagen vor Gott bringen. Ich glaube, dass das wichtig ist. Wir dürfen klagen, aber es ist wichtig, im Klagen nicht stecken zu bleiben.

Als ich meine fünfte Fehlgeburt hatte, fühlte ich mich von Gott allein gelassen und in die Sackgasse geschickt. Ich war mittlerweile 43 Jahre alt, durfte schon 5 Kindern das Leben schenken und mein Mann und ich dachten, dass Gott uns noch ein Kind schenken wollte. In der Bibel hatte ich immer wieder gelesen, dass Gott den Schoß öffnet und schließt und ich hatte mal von einer Frau gelesen, die nach mehreren Kindern schrieb: »Ich hatte aufgehört zu gebären.« Auch in der Bekanntschaft kannte ich drei Ehepaare, die ohne Verhütung miteinander intim wurden, ohne dass eine Schwangerschaft entstand. So wollte ich das auch gerne erleben. Ich wollte es Gott gerne überlassen, den Schlussstrich unter die Kinderzahl zu setzen. Mein Frauenarzt wies mich noch liebevoll darauf hin, dass meine biologische Uhr ja schon laut ticken würde und ich wahrscheinlich sowieso nicht mehr schwanger würde. So legten wir den Kinderwunsch in Gottes Hände und beteten, dass wir nur ein Kind empfangen wollten, wenn es Gottes Plan für uns wäre. Nach diesen Gedanken und Gebeten wurde ich schwanger. Es wurde meine vierte Fehlgeburt. Als dann nach 3 Monaten des Wartens erneut ein Kind in meinem Bauch wuchs, freuten wir uns riesig. Ich betete: »Vater im Himmel, bitte bereite mich vor, wenn das Kind nicht auf die Welt kommen sollte.« Doch die Nachricht, dass keine Herzschläge mehr auf dem Ultraschallbild zu sehen waren,

trafen meinen Arzt und mich absolut unvorbereitet. Ich
fühlte mich wie von meinem besten Freund verraten, als
wenn mir ein Messer in den Rücken gerammt würde. Zwei
Jahre lang habe ich mit Gott gerungen, im Gebet immer
wieder zu ihm gerufen, meine große Wunde zu heilen, mir
entweder zu erklären, warum es so geschehen musste, oder
mich einfach so zu berühren, damit ich ihm wieder vertrauen könnte. Ich wollte keine bittere, alte Frau werden.
Körperlich, psychisch und geistlich total am Ende, fuhr ich
auf eine christliche Frauentagung. Mein Ziel war, einfach
mal ein paar Tage aus dem Alltag raus, lange schlafen, nicht
kochen müssen, spazieren gehen, vielleicht auch mal einen Vortrag anhören, wenn ich es ertragen konnte. Dann
kam eines Morgens nach einem Referat die Frage: »Wer hat
körperliche Schmerzen, der möge nach vorne kommen.«
Es zog mich nach vorne. Ich wollte für mein Geschwür im
Mund beten lassen. Als die Frau anfing, um Heilung zu beten, begann ich zu weinen. Die Tränen wollten gar nicht
versiegen. Die Frau betete weiter Gottes Heilung auf mich
herab. Als ich mich dann auf den Platz setzte, merkte ich,
dass die Erkrankung noch weiter in meinem Mund war,
aber die Wunde über die fünfte Fehlgeburt war weg. Auf
übernatürliche Weise hatte Gott eingegriffen. Heute kann
ich darüber reden, ohne dass es schmerzt, auch wenn ich
immer noch nicht weiß, warum es so geschehen ist.

➤ Nicht jeder klagt

Marlen antwortet auf die Frage, ob sie nach den beiden
Fehlgeburten nicht mit Gott gehadert hätte: »Nein, ehrlich
gesagt ist mir das nicht in den Sinn gekommen. Er ist der
Schöpfer und ich bin der Ton. Habe ich ein Recht, meinen
Schöpfer anzuklagen? Alles, was mit mir geschieht, muss
an seinem Thron vorbei und wenn er es in meinem Leben
zulässt, muss ich mich beugen. Nein, ich bin sehr dankbar, dass ich nicht rebellierte. Wenn Gott uns eine Last
auflegt, dann hilft er auch, sie zu tragen. Ich glaube, dass

er mich nicht über das Maß belastet. Außerdem hat mich sehr getröstet, dass ich eine tiefe Gewissheit habe, dass unsere beiden fehlgeborenen Kinder bei ihm sind und dass ich sie nach meinem Tod sehen werde.«

Wie unterschiedlich gehen doch Menschen mit Leid um.

➤ Eine Begegnung mit Gott schenkt Heilung

Wie schon in dem eben beschriebenen Erfahrungsbericht, erzählen Frauen immer wieder, dass erst Gott selbst Frieden über den Tod des Kindes brachte.

Nach meiner ersten Fehlgeburt versuchte ich am nächsten Tag zu beten und in der Bibel zu lesen, doch vor lauter Tränen verschwammen alle Buchstaben. Plötzlich formulierte sich eine Frage in meinem Kopf: »Warum weinst du?« Ohne groß nachzudenken sagte ich: »Weil du mir mein Kind weggenommen hast.« Da hörte ich in meine Gedanken hinein folgende Worte: »Um deine beiden anderen Kinder musst du noch sehr kämpfen, dass sie den Weg zu mir finden. Dieses Kind hat das Ziel mit seinem Leben schon erreicht. Es ist bei mir.« Von Stunde an habe ich bis heute nie mehr um dieses Kind getrauert. Ein tiefer Friede legte sich in mein Herz.

➤ Man kann Dank opfern

Anita erzählt, nachdem ihr erstes Kind im Mutterleib starb: »Nach einer Weile bekam ich das Bedürfnis, in der Bibel zu lesen. Im Psalm 56, Vers 13 steht: ›Gott, ich will die Versprechen halten, die ich vor dir abgelegt habe, und dir ein Dankopfer für deine Hilfe darbringen.‹ Und am Abend vorher hatte ich schon in Psalm 50,23 gelesen: ›Wer mir Dank sagt, bringt mir ein Opfer, das mich wirklich ehrt. Wer auf dem Weg bleibt, der erfährt meine Rettung.‹ Ich wollte Gott vertrauen, dass er den größeren Überblick hat und er weiß, was gut für mich und uns ist, auch wenn es mir im Moment schwer fiel. Nachdem ich Gott unser Kind anvertraut hatte, erfüllte mich tiefer Friede, der mich auch nicht verließ, als ich in den Operationssaal gefahren wurde. Gott nahm mir alle meine Traurigkeit und ich konnte mir in den Wochen nach der Fehlgeburt bis heute die Ultraschallbilder meines Kindes ansehen, ohne dass es wehtut.«

»Wo war dein Gott während der Fehlgeburt?«, fragte meine Freundin.

Und ich konnte sagen: »Er war da, er hat mich getröstet, mir aber nicht erspart, sie zu erleben.«

WIE GEHE ICH MIT MEINEN SCHULDGEFÜHLEN UM?

Wie wir in den Berichten über Fehlgeburten gelesen haben, machen sich viele Frauen bewusst und unbewusst Vorwürfe, am Tod des Kindes beteiligt gewesen zu sein. Dabei gibt es verschiedene Bereiche, in denen man meint schuldig geworden zu sein.

➤ **Ablehnung**

Nicht jede Frau, die schwanger wird, sehnt sich danach, ein Kind zu bekommen. Viele werden ungewollt schwanger. Für manche ist es zu früh, weil es mitten in der Ausbildung ist, bei anderen war die Familienplanung eigentlich schon abgeschlossen. Wieder andere sind unverheiratet oder sie wollten eigentlich grundsätzlich keine Kinder. Eine solche Frau kämpft nun in den ersten Monaten damit, schwanger zu sein, vielleicht zieht sie sogar in Erwägung abzutreiben und führt viele Gespräche mit Freunden darüber, wie diese ihre Situation beurteilen. Vielleicht wird sie auch vom Vater des Kindes gedrängt abzutreiben und weiß nicht, was sie tun soll. Nehmen wir nun an, dass sie nach allen Überlegungen zu dem Schluss kommt, das Kind trotz allem austragen zu wollen. Und dann stirbt das Kind! Oft fällt solch eine Frau in ein tiefes Loch der Selbstanklage. Sie spricht mit dem Kind: »Bist du deshalb gegangen, weil ich dich nicht wollte, weil ich dich so lange abgelehnt habe?«

➤ Fahrlässigkeit

Ein anderer Bereich, in dem sich Frauen schuldig fühlen, ist Fahrlässigkeit oder Unaufmerksamkeit. Hätte ich denn nicht spüren müssen, dass es meinem Kind schlecht geht? Habe ich meine Körpersignale nicht beachtet? Es ist wirklich besonders schwer für eine Mutter zu ertragen, nicht gespürt zu haben, dass ein Kind gestorben ist.

»Da spüre ich jeden Eisprung im Zyklus und merke nicht, dass mein Kind stirbt. Da kann man doch krank werden«, weint Bettina.

➤ Zu schnell durchgeführte Ausschabung

»Warum habe ich nicht auf einen Ultraschall bestanden?«, klagt Frauke. »Ich hatte nur Blutungen und der Arzt hat sofort gesagt: ›Das wird nichts mehr.‹ Und bevor ich begriff, was passierte, war ich ausgeschabt.«

»Auf dem Ultraschallbild war kein Herzschlag mehr zu sehen, aber ich hatte keine Blutung. Warum habe ich nicht gewartet, bis das Kind bereit war, meinen Körper zu verlassen? Hatte es sich vielleicht nur versteckt und war gar nicht tot?«, fragt Anna.

Immer wieder machen sich Frauen Vorwürfe. Sie fühlten sich überrumpelt von den Ereignissen. Es ging ihnen alles zu schnell.

In den meisten Fällen werden Sie keine ausreichende Antwort von den Medizinern erhalten, ob Sie eine Teilschuld treffen könnte. Eine Fehlgeburt wird oft durch viele verschiedene Faktoren ausgelöst. Wenn Sie glauben, schuldig geworden zu sein, bietet Ihnen Gott an, Ihre Schuld wegzunehmen. Sie können ein einfaches Gebet sprechen. Jesus Christus ist auf diese Welt gekommen, um alle Schuld am Kreuz zu tilgen, auch Ihre.

»Jesus Christus, danke, dass du für alle Schuld ans Kreuz gegangen bist. Ich vertraue dir, dass du auch für meine Schuld gestorben bist. Ich bitte dich, nimm mir alle Schuld am Tod meines Kindes und schenke mir deinen Frieden, damit ich wieder froh werden kann.«

WIE GEHE ICH MIT DER SCHULD DER ANDEREN UM?

Rund um die Fehlgeburt passieren viele Verletzungen und ich glaube, dass fast alle Verletzungen unabsichtlich geschehen. Sie werden aus mangelndem Taktgefühl gesagt, weil man denkt, es tröstet oder weil man sich einfach nicht in die Lage des anderen hineinversetzen kann. Folgendes kann verletzen:

- Worte, die trösten sollen
- Worte, die unbedacht gesagt werden
- Fragen
- Ratschläge
- Fehlende Zeit

Wenn Sie jetzt spüren, dass Sie noch durch Worte oder Handlungen verletzt sind, dann bitte ich Sie, noch heute diesen Menschen zu vergeben. Ich habe mal gehört, dass man sich bei Menschen, die vergeben, gerne aufhält, weil sie nicht bitter werden. Vielleicht wissen die anderen gar nicht, dass sie Sie verletzt haben. Die deutsche Sprache sagt dazu: Ich ärgere *mich* über den anderen. Der andere weiß es oft gar nicht. Ich ärgere *mich* und dann bekomme ich Magengeschwüre, Migräne oder einen Herzinfarkt, weil ich all den Groll mit mir herumtrage. In der Bibel lesen wir, dass Gott uns bittet, unseren Feinden zu vergeben, unsere Feinde zu lieben.

Lassen Sie Ihren Schmerz, Ihre Wut, Ihre Verletzung los und vergeben Sie. Sprechen Sie zum Beispiel folgendes Gebet:

»Ich vergebe meiner Mutter, dass sie gesagt hat, dass ich sowieso nur 1 Kind großziehen könnte.

Ich vergebe dem Arzt, dass er gesagt habe, dass eine Fehlgeburt etwas Normales sei und er mich in meiner Trauer nicht ernst genommen hat.

Ich vergebe meinem Mann, dass er lieber Tennis spielen ging, als sich mit mir zu unterhalten.«

Manchmal fängt Vergeben mit einer Entscheidung an. Vom Verstand her will ich vergeben, auch wenn das Herz schreit: »Ich kann nicht.« Die Gefühle hinken oft hinterher.

Bitten Sie Gott um Heilung Ihrer Verletzungen.

Vielleicht ist es auch gut, mit der Person, die Sie verletzt hat, noch einmal zu reden. Ich wünsche Ihnen, dass Sie dann nicht nur verstanden werden, sondern eine echte Versöhnung erleben. Vergeben ist einseitig, versöhnen beidseitig.

ANHANG

WEITERFÜHRENDE MEDIEN

➤ **Bücher**
Hannah Lottrop: Gute Hoffnung jähes Ende.
ISBN 3-466-34389-5

John Gray: Männer sind anders, Frauen auch.
ISBN 3-442-12487-5

➤ **Broschüren**
Zum verweilenden Gedenken,
herausgegeben von Der bunte Kreis,
Münsterland e.V., Münsterstr. 40, 48653 Coesfeld
Wartezimmerbroschüre der Sternenkinder-Eltern im Netz und der
Muschel
Bestellung übers Internet, Adresse siehe nächste Seite.

➤ **Artikel**
»Ich weine um dich«,
in: Zeitschrift Family 4/2003 (Bundes-Verlag, Witten)
»Es soll eine Spur bleiben«,
in: Zeitschrift Spielen und lernen 1/2003
Gedanken zum »Kinderhaus«
auf dem Gräberfeld auf dem neuen Friedhof an der Marienkir-
che, Coesfeld; Autorin: Mechthild Amman

> **Fernsehsendung**

ERF: Hof mit Himmel: Fehlgeburt. Video-Nr. 6512, 2004

> **Internetseiten**

www.initiative-regenbogen.de

www.muschel.net

www.sternenkinder.muschel.net/wartezimmerbroschuere.pdf

www.sternenkinder-eltern.de

www.shg.muschel.net/ausgabe.php
(über diese Adresse kann man alle Selbsthilfegruppen abfragen)

> **Adressen**

Verwaiste Eltern in Deutschland e. V.,
Bundesstelle, Fuhrenweg 3, 21391 Reppenstedt